民族的發明

鄉民最好奇的民族大哉問
阿姨一次說清楚

劉仲敬 著

目次

第一章　民族國家

Q 資本主義與現代民族國家的起源，有必然關係嗎？

民族國家就是資本主義的周邊。沒有資本主義，民族國家大概是不會形成的。資本主義使得保障法權利益變得非常必要。共同體的形成，產生了保障資本主義的一層外殼。而民族則是動員大眾支援共同體的一個有效組合手段。這些大眾不一定是地主資產階級，跟資本主義的利害關係也不那麼明確。

所以資本主義與民族國家之間不僅有非常密切的關係，而且簡直就是同一種事物的本質和外殼。

Q 民族國家和民主是怎麼對接的？

我覺得民族國家是一個負面因素，它削減了近代早期和中世紀的多元性。法蘭西是民族國家的創始者，從這一點你就可以看出它的基因是從哪來的。它要實現民族國家內部的同質化，消除各種多元性。像是勃根地（Bourgogne）、布列塔尼（Bretagne）或諾曼第（Normandie），就很難享受到英格蘭各市鎮的那種自治權。

如果真要按照英格蘭的做法，那麼布列塔尼就得按照布列塔尼的習慣法辦事，透過這個習慣法產生布列塔尼的憲政，於是這個布列塔尼更有可能是一個獨立的布列塔尼共和國，而不是法蘭西的布列塔尼行省。諾曼第、普羅旺斯恐怕也要照辦，所以根本就不會有統一的法蘭西。統一的法蘭西註定會是一個武斷的國家，因為它只有依靠武斷才能維持統一。

由習慣法產生的才是真自由，因為當你只靠習慣法統治，才不用官僚制度之類外在的強行管理，你按照習慣管理自己就行了。這樣做的結果就是封建的公國直接轉型為現代國家，統一的法蘭西就不存在了。其實這倒是最好的路線，法蘭西就是一個錯誤。

法國人謀不到一官半職會死不瞑目，但要他們到海外去做生意或做殖民者，那可是千難萬難，只有做官才最高貴。西班牙人也有同樣的毛病。當然跟中國人相比，這些毛病都微不足道。

討論民族國家，要看它發生在哪裡。如果是在一個分權傳統本來就很好的地方，例如在歐洲我就不會贊同民族國家，甚至在印度也不會贊同，但是在中國就會贊同。對，這是雙重標準。因為中國如果出現小共同體的民族國家，使中國解體了，這是進步；但歐盟如果消滅了歐洲各個民族，這顯然是退步。同樣的東西，在反對共產黨上是進步，但在反對美國時可能就是退步。

我不喜歡疆界明確的民族國家，太剛硬了，很容易爆發血腥的戰爭。中世紀那種多元、多層次的國際體系反而更有彈性，它有帝國、王國、公國等更多的行為主體，有很多行為層次，彼此之間有多重的條約關係和義務關係，所以有很大的緩衝餘地；若有戰爭，激烈程度也不太高。於是在那種體系下就不可能產生魯登道夫（Erich Ludendorff）的「總體戰」（total war），也不可能產生列寧主義或希特勒主義。

你也可以問，那麼中國為什麼會有黃巢和李自成？答案是因為有吏治國家和郡縣制。只有在吏治國家和郡縣制實行順民專制主義的情況下，才可能有蝗蟲式飢民大軍造成的事情，這在封建制度底下則不可能發生，而且在封建制度底下不會有大範圍的饑民。早在本地的饑民快要餓死之前，領主就已經坐不住了。

先不說封建政治，光是看五代十國錢鏐那種政體，你覺得錢鏐會讓杭州百姓真的餓死嗎？遠在真正的飢荒爆發前，他就已經受不了了。但宋朝的官僚是受得了的，因為他們會如此盤算：目前我撈夠了，三年以後飢荒爆發時，我已經調到廣州，下一任官僚你活該，我憑什麼要替你著想。

Q 民族國家的興起導致封建制遭到破壞，請問您是否提倡無政府主義？無政府狀態是否有利於封建契約的產生？

無政府主義的實際結果就是封建主義。因為只有當政府存在時，才可能按照平等的規範去對待每個人。在沒有政府的情況下，人人都得憑著天賦和能力去爭取自己的位置，結果人際差距會被放大。

由於每個人運用武力和團結旁人的能力都不同，結果必然是有些人不僅能保護自己，還能保護或侵略他人，有些人則連自己都保護不了。有些人團結能力很強，能找到很多人組成大幫派，而有些人就是形單影隻。

這種不平衡狀態必然會形成很多大團體和小團體，而這些大小團體之間，自然而然會形成不均衡的保護和依附關係。這樣的關係博弈到一定程度，透過動態平衡達到穩定狀態，便形成封建體系。

Q 您把現代國家分為兩種，一種是法國式，透過發明民族構建出民族國家，另一種是英美式，以多層次、多集團的形式經過長期博弈，再透過習慣法加以總結而形成憲制國家。請問，澳洲、加拿大、紐西蘭這些前英國殖民地屬於哪一種？還是介於二者之間？後發國家能否改用英美法系，從而略過發明民族這一步，直接建構成英美式的現代國家？

這幾個前英國殖民地都是英美式的，民族國家的成分非常淡薄。它們的民族發明是二戰以後才開始的，而且直到現在，多多少少都是徒具形式，例如它們的國慶日是女王的生日。

正常的民族國家要有的象徵物和凝聚中心，對它們來說不必要。只因為法國式的民族國家為數甚多，所以為了在這種民族國家的世界中假裝像個民族國家，於是也做了一些史賓格勒（Oswald Spengler）所謂的「假結晶」現象。但這些「假結晶」現象在它自己的國家結構和社會結構當中，只起了裝飾品的作用。

從封建主義和部落傳統而產生的國家，可以走英美式路線，不走法國式發明民族的道路，但如果你已經有吏治國家這樣的傳統，這條道路就走不通了。封建主義的國家，最典型的就是日本。部落傳統的國家在非洲有很多，阿富汗或高加索山地也是。

但是像埃及和敘利亞這種在中東已經歷大規模帝國統治的地方，或是俄羅斯帝國、大清帝國、共產主義統治過的地方，不搞民族發明是不可能的，因為它們已經不具備重回封建主義的歷史機會，除非發生大規模成吉思汗式的種族滅絕，然後新來的種族重新走上部落和封建的道路，但這就跟現今住在這片土地上的居民沒有關係了。

Q 歐洲變成現在這樣，是否意味著民族國家體系的崩潰？您作為基督徒怎麼看這個現象？

這是一個成本問題，增加績效和降低成本都是改善市場占有率的方式，所有的共同體都在這樣一個市場秩序上競爭。民族國家過去解構帝國，也是依靠它在績效方面的優勢，但如果它的績效優勢抵不上降低成本方面的劣勢，那它仍然可能被淘汰。

像鄂圖曼帝國和拜占庭帝國那種教團式的統治，在成本方面是比現代民族國家低的，尤其比福利國家低很多，但它的效績目前還遠遠達不到民族國家所能達到的水準。

教會的統治取代城邦的統治，就是羅馬帝國覆滅的真正原因。在羅馬帝國正式覆滅以前，它的基層共同體已經處在瓦解狀態了。過去的城邦和庫里亞（Curia）[1]愈來愈少，很少有人願意擔任議員。他們原有的納稅基礎都已經逃到新興教團了，而這些教團在原有的城邦結構和憲法體系中是沒有地位的。

---

1 相傳在公元前七五四年至七五三年間，羅馬城誕生，開啟了王政時代，共有七位國王統治，但氏族部落組織仍完整保留。統治階層包括國王、元老院以及庫里亞會議。「庫里亞」是當時羅馬對胞族的稱呼，每十個氏族組成一個庫里亞。

第二章　民族發明學

Q 中國的構成相當複雜，既有新疆和西藏，也有大片自認為在文化上是漢族的地方。您說的中國解體，是指少數幾個地方獨立出去，還是整個解體掉？

這可能是任何一種情況，取決於當時的博弈。如果拉丁美洲各路軍閥正在內戰，只要美國、英國、蘇聯或任何列強有一支強大的軍隊進行干涉，結果就會完全不一樣。完全可以想像，如果有某個拉美的孫中山或蔣介石，能拿到如同黃埔軍校從蘇聯那裡得到的援助，必然可以削平群雄、重新統一美洲，那麼歷史路徑就會不一樣了。

但我沒辦法預見在中國這樣一個面對內亞完全開放的邊境上，會有多大的外來干涉力量進入，而這樣的干涉力量比當年共產國際的干涉更大還是更小，也難預料。若要掌握這些資料，我至少要讓中央情報局聽我指揮才行。

所以我只能大致估計，干涉會存在。至於干涉到什麼程度，落在哪一方，具體對誰有利，誰又能利用局勢，這是不可能預測的。當時的人，他們的決斷會改變很多。

我們要注意，清末的滿漢構建，跟美洲革命時期西班牙人和美洲人的構建，從技術上講是一模一樣的。但滿洲和內亞、東亞是挨在一起的，有一個開放、無法封鎖的邊界，而西班牙和西班牙美洲之間隔著大海，這就造成了一個非常基本的不同。

內亞闖入（擅自闖入）東亞是兩千年以來的既成事實。過去經常發生的事，即使在未來不是一定會發生，但還是發生的可能性比不發生的可能性要大得多。

假定明朝留下來的十八省像西班牙美洲一樣相對隔離，假設還能得到如同美國門羅主義（Monroe Doctrine）不受外界干涉的保證，那麼軍閥割據和事實獨立就最有可能發生。你或許認為事實獨立不重要，但歷史的經驗明白顯示，一個地方只要事實獨立了幾十年，即使再想統一也統一不住。

像是伊斯帕尼奧拉島（Hispaniola）東部的多明尼加，被西班牙和海地交替統治僅僅十幾年，下一次重新回歸時，本地人就要鬧獨立，因為他們已經被別人統治過了，民族性格已經改變。即使原來是一個國家，但今後再也統治不住。

當然，我們都很清楚西班牙美洲那些國家，按照它們的政治邏輯，並不會高呼「寧願讓臺灣不長草也要如何如何」。你既然非要獨立不可，那就獨立吧，也就這樣了。

烏拉圭建國的第一代是堅定不移的阿根廷人，他們做夢都想打回布宜諾斯艾利斯去，但這絲毫沒有妨礙第三代人以烏拉圭愛國者自居，還理直氣壯把那些自認是阿根廷人的先輩，發明成本國獨立戰爭的英雄。

所以你現在考慮的問題，實際上就是假定內亞干涉根本不存在。（順便說一句，這純粹是一個思想實驗，現實可能性接近零）干涉，是一定存在的。

假設在沒有干涉的情況下，以方塊字為根據、帶有濃厚儒家色彩的漢字文化圈，是不是比信奉天主教的西班牙語文化圈具有更加深厚的凝聚力，以至於西班牙的一個省分只要事實獨立幾十年後，就不願意再被統一了，而漢字文化的省分獨立了幾十年後，卻還是渴望統一。這個假設沒有絕對的結論，但你可以到越南、韓國和臺灣看一看。

越南以前也使用漢字，在五代十國時期獨立後不過幾十年，就堅決抗拒同樣使用方塊字、信仰儒家的宋朝軍隊，還寫下〈南國山河〉這樣的愛國詩篇，然後又在類似的情況下，發表了政治文告《平吳大誥》，把朱明王朝的軍隊打了回去。他們好像並沒有因為使用方塊字、接受儒家文化，就在一度獨立以後變得很願意接受中原王朝的再統一。在天主教士為他們發明了拉丁化的新文字以後，這種可能性更是幾乎沒有了。而韓國的去中國化是二十世紀六十年代的事，近在眼前。

所以我能很有把握地說，漢字和儒家文化並不構成民族發明的障礙。它是不是會比西班牙語中央集權的性格更容易造成統一，是有可能的，但這個可能性還沒有大到能絕對排除民族發明的地步。

Q 民主轉型有兩種分析，一種是討論社會條件和歷史因素，一種是討論具體的政治過程。如果僅討論前者，是不是會忽略歷史的複雜性？例如小民族認同和大民族認同會在具體的政治過程中相互轉化。

政治分析一般都是以一國為單位，也就是假定了這個國家、這個政治共同體是已經存在的。至於國家、政治共同體的誕生，還沒有人做過真正靠譜的分析，所以這些分析的參考價值其實是很小的。

你可以撇開枝葉，直接切入根本。也就是說，在西發里亞體系（Westphalian

sovereignty）[2]之下，是分裂容易統一難。已建立的民族國家想重新統一是極難的，而沒有分裂的帝國型民族和泛文化民族想分裂卻很容易，兩者之間並不對稱。

美國前總統老布希（George H. W. Bush）曾堅決反對烏克蘭獨立，但烏克蘭一旦獨立了，俄羅斯哪怕只是收回烏克蘭極小的一部分土地，被認為非常親俄的川普總統也不得不硬著頭皮制裁俄羅斯。也就是說，烏克蘭一旦誕生，你就沒有辦法把這個過程倒回去了。兩者是不對稱的。

你可以假設，如果列寧沒有容許蘇維埃烏克蘭繼續存在，而是把烏克蘭收編為小俄羅斯行省，那麼會不會在一九九一年時，這個小俄羅斯行省仍繼續作為俄羅斯聯邦共和國的一部分存在，而不會有克里米亞（Crimea）[3]問題了？這種可能性當然是存在的。

同樣的道理，如果卡累利阿—芬蘭共和國（Karelo-Finnish Soviet Socialist Republic）仍然是蘇聯的第十六個加盟共和國，那麼蘇聯和芬蘭之間現在是不是就應該有一個愛沙尼亞式的新國家？這當然也是有可能的。但這只影響具體問題。建國一旦產生，即使不是不可逆，逆轉成本也是極高的，但解體的成本就小得多。

鄂圖曼主義（Ottomanism）[4]和泛文化民族主義不斷解體，它們之間的相互衝突導致了邊緣地區的解體。殖民主義的瓦解和共產主義對殖民主義的侵襲，導致了後殖民主義涉及地區大量的發明民族。而這些發明民族的邊界和各方面安排不當，又造成了類似拉美式的次級、三級、四級的發明。所以自從凡爾賽會議確定了民族國家為正常和主流的國際共同體基礎形態以後，民族國家的數目一直有增無減。

蘇聯吞併波羅的海三國只是一個非常短暫、非常局部的逆流，並沒有根本上改變一九一九年以後民族國家不斷增加的事實。這個事實並不是由於誰的雄才大略設計出來的，也不是由於誰的轉型方案設計得好或不好而造成的，根本上講就是因為現行的國際遊戲規則有利於民族發明家，而對鄂圖曼主義和泛文化民族主義非常不利。

2 西發里亞體系指的是一六四八年《西發里亞和約》（*Peace of Westphalia*）確立的國際秩序，每個國家擁有對其領土與內政的最高權力，其他國家不得干涉，這一原則影響了後來的國際法與外交關係。

3 指二〇一四年俄羅斯出兵併吞原烏克蘭領土克里米亞所衍伸的問題。

4 鄂圖曼帝國後期興起的一種民族主義思潮，起源於一八三九年至一八七六年期間的改革，其支持者認為該主義能解決帝國面臨的社會問題。

Q 民族發明學造成的支離破碎，和老子的「小國寡民」有何異同？

一點關係都沒有。民族發明實際上是部分恢復了封建時代的多元體制，這個封建當然是指歐洲封建。它是歷史上存在的一種狀態，所以有先例可循。有經驗主義意義上的那種先例，也有理性主義意義上的那種國民意志，最後還有浪漫主義和先驗主義意義上的那種不用你發明、本來就存在的語言和民俗，這些都是實實在在、有所依據的。

而老子的小國寡民則是他製造出來的一種理想，跟無政府主義和共產主義一樣，在歷史上曾經存在的政治狀態中，找不到具體的先例和可以依託的線索。

Q 民族發明學是以鄰為壑，還是以共產黨為壑？

兩樣都是。民族發明學是要毀掉共產黨最後一個寄生體（鄂圖曼主義），相當於把惡靈從最後一個附體趕出去，讓它無家可歸，走向滅亡。

這也是我的根本動機和最大的作用。這個動機和作用實現以後，具體是哪個民族占上風、誰多占一點土地、實行什麼政治形式，都是非常次要、不值得關注的問題。

這個過程啟動後，各民族必然會以鄰為壑、相互鬥爭，但這就不是我在乎的事了。

Q 普通人都應該為發明民族有所貢獻？

你至少可以成立一個齊國復國協會、上海民族黨、巴蜀民族黨、南粵民族黨這樣的政治組織，像空殼公司一樣，其實只有你們幾個人，但牌子可以打出來，在美國做一下登記，然後逢年過節像法輪功和民運人士那樣，每逢六四或春節，都到貴國大使館門前去抗議，吸引一些媒體注意，這樣你的身分就有保障了。要不然到麥卡錫主義的時代，你不能說自己不是中國人就算數了，人家照樣把你當中國人一起收拾掉。

這就像阿Q在辛亥革命以後突然想起來自己也是想要革命的，然後跑去找假洋鬼子，要求參加革命，結果被假洋鬼子趕了出來。假洋鬼子想的是什麼？我老人家雖然膽小如鼠，而且我說我認識黎元洪也是我吹噓出來的，但我在革命以前至少是一個活躍人物，在新派人士的各種口水戰中積累了一定的威望，所以我現在面不改色地說我投靠了黎元洪還有人相信，而你在大清朝時只是心裡想一想，然後現在說你算是革命黨了，我認你嗎？我要做的事，必然就是編一套《諸夏紀事本末》[5]作為各國的國史。編出來以後，無論如何我就有一個小梁啟超的地位了。

Q 穆斯林化和民族發明矛盾嗎？只搞民族發明能解決基層共同體的問題嗎？能不能發明出像是伊斯蘭吳越、伊斯蘭滿洲這樣的民族國家？伊斯蘭化必然會導致政治上的大一統嗎？

沒有矛盾。在穆斯林不占有全部人口、又需要建立一個現代國家門面的情況下，特別需要搞民族發明，這方面的先例非常多。或是在伊斯蘭派、世俗派、泛民族派之間相持不下的情況，民族發明也是一個解決矛盾的現成辦法。

民族發明是政治共同體，跟基層共同體的關係並不直接。伊斯蘭帝國在其存在的時段內，按照東亞帝國的標準來看，都有一定的封建性，也就是說比東亞的吏治國家層次和組織更豐富一些。

像是鄂圖曼帝國和蒙兀兒帝國，明顯都比大明帝國和大清帝國有更多封建性，保存更多自由，也更可能同時分化出「蠻子斯坦埃米爾國」和「西安斯坦哈里發國」這樣不同性質的組織[6]，所以對文明的多樣性來說，比儒家帝國或共產主義國家都更有利。

5 劉仲敬語境下的「諸夏」和「諸亞」，指東亞多國體系，而非編戶齊民的大一統體系。劉仲敬認為，只有恢復類似春秋時期的多國體系，才能從根本上解決東亞地區目前面臨的諸多困境。劉仲敬進而將「諸夏」作為一種政治主張，認為不僅臺灣、香港、東突厥、西藏、蒙古應該獨立，目前中華人民共和國內部的各地區也應該各自發明民族，以追求獨立建國。為此，劉仲敬依託東亞各地的現狀，在二〇一六年發明出巴蜀利亞（範圍：除西康外的四川省、重慶全境、陝西南部）、湖湘尼亞（範圍：湖南省全境）、吳越尼亞（範圍：浙江省全境、江蘇及安徽的吳語區）、滿州利亞（範圍：黑龍江、吉林、遼寧三省與內蒙古自治區東部）、坎通尼亞（範圍：即南粵民族，範圍大致包括廣東省全境、廣西東部粵語區）等諸多民族。這些民族的名稱和邊界只是預想的藍本之一，真實世界的民族發明是通過戰爭和現實政治塑造的。

6 這些都是假想中可能成立的國家組織，均有涵義。「埃米爾」（Emir）和「哈里發」（Caliph）是伊斯蘭教統治者的職位名稱，「埃米爾國」（Emirate）和「哈里發國」（Caliphate）是這些統治者統治的地區。由於鄂圖曼帝國和蒙兀兒帝國都是伊斯蘭教帝國，所以分化出來的國家也是伊斯蘭教國家。「西安斯坦」是阿姨學的重要名詞，意指西安很有可能被伊斯蘭化。如果西安被伊斯蘭化，那麼它的名稱很有可能跟隨伊斯蘭教國家的命名習慣，改名為「西安斯坦」。「斯坦」源於古波斯語，意為「……之地」。「蠻子斯坦」（Manziastan）典出十六世紀波斯著名旅行家阿里·阿克巴爾（'Ali Akbar Khata'i）於一五一六年寫成的《中國紀行》（*Kaṭāy-nāma*），指的是中國南方浙江附近的地區。

Q 假設蘇軍和共產黨撤出滿洲，由日本人統治的話，滿洲會不會變成一個民族國家？

這個涉及邦國和民族的區別。現在我們設想的民族概念經常是一八四八年原則，，從根本上來講是德國人那種浪漫主義思想在政治上的一個體現，它把民族看成是人人都得參與的一個文化共同體。

但邦國只要有政治組織就行了。可以說，只要具備財政和軍事的可持續性，任何政權都可以形成邦國。是不是同構（文化共同體）沒有關係，滿洲人征服了明朝或其他地方，當然可以組成一個邦國。哪怕這個邦國的人跟征服者語言不通，也談不上效忠，但只要他們消極服從，能從你這裡榨出錢來供養我的軍隊，那我自然可以成立一個邦國，所以民族國家就沒有必要了。

現在這種民族國家的概念實際上已經蘊含了一定程度的民族概念，等於是要求大多數國民對他所在的邦國有文化上和政治上的強烈認同感。

所以按照這種一八四八年原則，你可以看出一個有趣的現象：中國不是典型的民族國家，美國也不是。典型的民族國家是波蘭、立陶宛，那些蘇聯、德國解體後產生的國家，以及第三世界殖民帝國解體後產生的新國家，這些國家都是典型的民族國家。一八四八年原則描繪出的那種民族共同體，不能做得太大，不然會削弱了向心力和認同感。一個像波蘭這樣不大不小、幾千萬人口的小民族，有語言和文化上的高度認同感，政治上團結起來不難，再加上一定的民族架構，就可以構成一個典型、優秀的民族國家。

但再大就不行了。你想想，把大英帝國變成一個民族國家怎麼可能呢。英國人願意接受印度人的領導嗎？蘇格蘭只有幾百萬人，願意接受幾億印度人的領導嗎？顯然不可能。要不實行民主，只講邦國，不講民族國家；要不實行民主以後，唯一的辦法就是分裂。這是不可避免的。

而文化共同體是怎麼形成的呢，它不需要種族或歷史的一致性，只需要一種現代神話就可以了。它需要一種獨特的語言，然後把它構建成國語，再透過國語教育與一部虛擬的歷史，讓這個小團體、這幾百幾千萬人，相信我們是同種的、有共同的歷史與利

---

7 主要是指在一八四八年革命（Revolutions of 1848）期間和之後形成的一系列政治原則和社會理念，這些原則在歐洲各國的政治演變中產生了深遠影響。

益，這就足夠了。

這個歷史的大部分可以是虛擬的，例如蘇格蘭就是如此。蘇格蘭人說的那些歷史先賢，其實都是高地的部落酋長。因為蘇格蘭的居民大部分住在低地，所以他們最怕、最恨的就是高地酋長，就像中國從漢代到明朝，最主要的敵人就是匈奴人或蒙古人。

但現在的蘇格蘭人把這些高地酋長塑造成民族英雄，這種說法的荒謬程度，就好像南方的漢人說成吉思汗是民族英雄。那些部落酋長搶劫和屠殺蘇格蘭人，但蘇格蘭人卻說他們是民族英雄，代表自己去打敗了英格蘭人。但英格蘭征服蘇格蘭的過程，其實比那些高地酋長文明仁慈吧。

這就是透過神話歷史來建構民族的例子。像波蘭、立陶宛這些國家，或是現在的烏克蘭，他們的歷史肯定絕大多數都是神話。

烏克蘭這樣的民族，在十九世紀前是不存在的，頂多說一個小俄羅斯語（一種俄語方言）。謝甫琴科（Taras Shevchenko）這種詩人不會認為自己是民族創始者，他會覺得自己就是一個方言詩人。這種方言詩人在法國也有，像布列塔尼人或普羅旺斯人，也有他們自己的方言詩人。普羅旺斯的方言詩人米斯特拉爾（Frédéric Mistral）還拿過諾貝爾獎。

那麼，普羅旺斯人是法蘭西民族的一部分呢，還是被法蘭西征服的一個普羅旺斯民族呢？按照德國人那種文化共同體的概念來看，普羅旺斯獨立的理由顯然跟波蘭獨立一樣充分。烏克蘭人可以從俄羅斯人中分化出來獨立，那麼俄羅斯北部芬蘭血統很重的居民難道不能獨立嗎？

比如說，滿人在南方以後，金朝時期有很多女真人入侵中國北方，再經過戰亂，變得跟原居民沒什麼區別。其實錦衣衛中有好多軍官，原先都是元朝的女真人、蒙古人、西夏人，但到了明朝後期，他們的子孫還在做官，但已經看不出他們跟其他人的區別了。但這個同化過程不是單方面的，也有好多民族，像是明朝南方的居民，因為白蓮教的關係逃到蒙古去，經過幾代人以後，他們已經跟蒙古人沒有區別。你去測他們的基因，仍然是南方型，但文化上完全是蒙古型了。

你可以設想，假如日本沒有發動二戰，統治滿洲幾百年，然後以日語為滿洲的國語，而且當地人本來是女真人、蒙古人、朝鮮人、山東人、河北人的後代，但他們變成只會說日語。而且他們的日語，又因地方差異而跟中國本土的日語漸漸有了一定區別（就像美國英語跟英國英語不一樣）。假如有朝一日，中國和俄國都不再想要征服東北，日本本土的勢力又開始衰退，那麼在東北的這些日本人或朝鮮人後代，會不會像在美國的移民那樣，突然想要發明美利堅民族，「儘管我們是移民國家，祖先是德國人、愛爾蘭人和英國人，但這都不重要了，現在我們全都是美國人，我們要把英國人趕出去」，這些日本人或朝鮮人後代會不會也想把日本人趕出去，建立一個獨立的滿洲國。

上面這些事情如果沒有發生，那應該是因為地緣政治和國際政治橫向干涉。原則上這種事不是不可能發生的，只要有適當條件，這樣的民族是可以創造出來的，臺灣就是一個例子。

Q 您說的創造民族，就是推行語言教育、創造歷史，最後形成一個虛擬的文化共同體？

應該是一個政治文化共同體。它不是一般意義上的文化共同體，而是一個有強烈政治取向的東西。因為同樣的歷史材料經過不同的建構方式，可以產出許多不同的民族共同體。

例如挪威是怎麼產生的呢，挪威跟丹麥有什麼區別呢，其實就是一個詞的寫法有幾個字母的區別，也就是中國所謂的不同方言之間的區別。但因為政治上它要爭取獨立，即使它本來就有高度的自治權力了，卻還是不滿意，非要跟丹麥和瑞典平起平坐，迎立一個自己的國王，於是它就可以創造一個挪威民族。然後再借用一些地方性神話，比如說易卜生（Henrik Ibsen）描繪的那種山精鬼怪，把它寫進某一部作品，慢慢地就可以把挪威民族製造出來了。

Q 既然民族都是發明的，那麼有何高下之分？

高下之分也是有定義的。第一種定義是不以成敗論英雄，只以民族發明家的本事論英雄。也就是說，你如果能做到徹頭徹尾的黑白顛倒，那麼你就比尊重事實的人更有本事。因為實事求是並不需要大腦，但要編一個非常漂亮的謊話徹底顛倒黑白，還要能讓很多人相信，這個技術難度可是很大的。

按照這種方式來評價，共產黨人顯然是最優秀的民族發明家了，因為他們能把張學良發明成愛國英雄呢。無論他是哪一國的愛國英雄，都是極其滑稽的，但共產黨人連這一點都做得到，這就說明民族發明沒有底線。只要夠大膽，沒有什麼不可以。

民族發明的另一個定義則是，不看民族發明家多有本事，而是看這個發明按照某種價值觀來說，是起了正面作用還是反面作用。這就要視你自己的價值觀而定，看你認為民族發明應該有利於什麼目的。

我有我的一套價值觀，所以我是按照我那一套跟演化論差不多的價值觀來判斷，也就是能不能增加文明的豐富度和多元性、能不能產生複雜結構。符合這種標準的發明就是優秀發明，不符合的發明就是惡劣發明。但當然，別人完全可以定出另一套標準。

Q 客家人的民族神話把祖先源頭歸於中原華夏，在未來諸夏紛紛脫華反中的歷史動盪中，客家人如何安放民族神話中的這個漏洞，如何協調與閩贛粵的關係？需要重新發明一套敘事體系嗎？

他們會忘掉這些故事，就像英國人很少記得英國人曾經以為自己是特洛伊王子布魯圖斯（Brutus of Troy）的後代或亞瑟王（King Arthur）的後代。

隨著政治形勢改變和大眾教育普及，大多數人接受的都是一種模糊複雜的敘事體系，由中小學教育與一些傳媒影視形成。而與此相異的早期敘事體系，會被大多數人認為非常陌生而荒謬。即使這樣的敘事體系在拿破崙時代、英國人的祖父一代被視為理所當然，但到了吉卜林（Rudyard Kipling）和一戰那個時代，則會被認為極其陌生。

Q 我感覺上海的散沙化還是很嚴重，應該怎樣進行民族發明？

上海的地位特殊。從純理論的角度來講，有兩種發明方式：發明吳越，或單獨發明上海。哪種方式更有利，這要看歷史的進程，誰也預測不準。

如果你想發明上海這個單獨的共同體，最好直接以工部局（公共租界內的最高行政當局）為源頭，把上海作為一個位於東亞的歐洲城市來發明。把它作為一個單獨體來發明，不要跟蘇州那些地主士紳扯上關係，也不要聯繫以前那些亂七八糟的歷史。

但對於這樣一個沒有緩衝的城市國家來說（例如新加坡之所以能夠存在，還是因為有馬來西亞的緣故），如果沒有吳越，上海能不能安全存在都很有問題，所以這種發明方式不一定是最好的。也許以上海為基地發明一個整體上的吳越民族，包含一個可以自我維持的內地，會是比較好的圖景。

但這些理論上的考慮是次要的，關鍵還是要有社會組織才跟得上。社會組織有正面和反面，正面就是自身的建構力量。首先要搞清楚，將來當作共同體基礎的是哪一批人。如果這些人還不存在，接下來要怎麼做。如果是介於存在和不存在之間，那就有點麻煩。

以廣東為例，粵語共同體是一個現成的資本，所以最好不要去搞其他東西，因為它的語言仍然強勢。但在上海，你就要考慮滬語的共同體還有沒有希望，或它們其實註定要滅絕。如果它註定滅絕，或是你認為它註定滅絕，那你也可以採取更簡單的方式：完全不要歷史包袱，從頭開始，像摩西帶領以色列人一樣，發明自己的基層組織。

假如你要借助基督教的資源，那你就自己創辦一個教會。沒有歷史包袱，你就可以不考慮以前的任何負擔，直接找你認為最正宗、最有組織能力的理論，創造自己的教會，以此為基礎。假定這個教會就是以諾克斯（John Knox）為代表的蘇格蘭人創辦的，剛開始只有幾百人，但最後會變成幾百萬人，成為蘇格蘭的主流宗教，並驅逐蘇格蘭所有外來勢力，創造蘇格蘭民族。

但這需要跨幾代的時間，而最初投入最多的第一代人，往往看不到收穫。我之所以首先想到宗教，就是因為這種一生之內看不到收益的投資，很難指望沒有宗教信仰的人願意投入。

宗教信仰是一種把投資時間線放長的做法。但沒有宗教信仰的一般人，從純粹理性的角度來考慮，應該看不出這種二十年以上的投資對自己有什麼好處。既然要努力，至少要能增加自己的退休金才行吧。如果獲利的是好幾代以後的人，而這幾代人跟我還沒什麼直接關係，那我或許就沒動力了。我現在就是這樣考慮的。目前為止，我還沒看到能推翻我這種理論的人。

民族是一個虛擬的認同，會被假定為不朽，所以它在某種意義上能發揮一種准宗教的作用。即使如此，民族國家的抵抗能力一般來說也是次於宗教的。所以我認為，上海人要維護自己的利益，除了宗教和民族以外，其他任何凝結機制都比這兩者要差。

如果你覺得這兩者已經很差了，那你就得做一個決斷：乾脆承認自己就是費拉[8]，到美國重新開始；就算未來的地位比印度人差也沒關係，至少比中國人強，只為子孫考慮就好。

或者，你還要替鄰居考慮的話，那你就硬著頭皮把自己當成諾克斯就行了。因為信

8 費拉（英語Fellah，德語Fellache，源於阿拉伯語فلاح）指在古埃及文明沒落之後，依然在尼羅河領域耕作的農民。史賓格勒語境下的費拉，指的是衰退文明當中生命力枯竭的社會狀態。劉仲敬語境下的費拉，指的是無組織度的散沙順民。

了不一定會靈，但不信是一定不靈。你只有下定了自我犧牲的決心，才會有一定的希望；你沒這個決心，就一點希望都沒有。

如果這個說法不能使你得到安慰，你就可以考慮你至少會比河南人強一些，因為河南人連這樣的選擇都沒有。

Q「泰伯奔吳」的故事，有無可能是晉國為扶持壽夢政權牽制楚國後方，而利用其在華夏的話語霸權而虛構出來的法統神話？而源出大禹的法統神話，是否是楚國為了拉越抗吳而替越國發明的？作為東南亞百越文明的結晶，吳越民族如何擺脫其從屬於晉楚爭霸文宣戰爭的歷史敘事？吳越若將民族起源神話繫於內亞族群，是否不利於以後與中國徹底切割，構建回歸東南亞海洋文明的獨立意識形態？

王室發明和民族發明的取向是不一樣的。民族發明是資產階級發明，要付諸資產階級或人民大眾。而王室發明則要付諸古老王室，所以羅馬人要把自己的祖先附會到特洛伊頭上，土耳其人和英國王室也一樣。但英國的民族發明卻不選擇特洛伊傳奇，而是選擇本土的不列顛人領袖亞瑟王抵抗撒克遜入侵的傳奇。兩者都是神話，真實性是差不多的。但民族發明要付諸人民，而不是付諸君主，這是基本原則。

無論吳國王室有沒有內亞來源，這樣的結合在古代是司空見慣的，但作為民族發明，它應當付諸從河姆渡文明和良渚文明開始、比中原要早得多的東南亞文明起源。之後有內亞因素的影響，也有東南亞海洋因素的影響，都說明了吳越民族善於吸收外來先進文化，不斷用外來的先進技術鞏固自己在遠東的領先地位。這一套神話是很好製造出來的。

Q 我聽到一個反駁「民族發明學」的奇特觀點，認為這是一種翻版的「推恩令」。主父偃的推恩令肢解了關東的諸侯國，「民族發明學」則是要肢解舊大陸上的陸權帝國，以獨尊新大陸的海權體系。阿姨如何點評這種立論？這種立論是不是想透過地緣政治學的實用特徵，消解「民族發明學」的浪漫主義哲學基礎？

觀點根本不重要，重要的是演化上有不有利。的確，大陸帝國邊緣叛服無常的小政治集團，可以像是路易十五時期的普魯士一樣，依靠英國的支持來壯大自身勢力，瓦解大陸強權建立大陸體系的企圖。這對雙方都有利，因此是一個方便的演化路徑。但這跟民族發明學是否存在沒有直接的關係，這樣的強權在沒有民族國家的時代，是完全可以用其他大義名分來伸張自己的利益的。

之所以需要「民族發明學」這套意識形態結構，是因為目前的國際正統就是民族國家。普魯士王國在路易十五時代還不需要把自己發明成普魯士民族，法蘭德斯伯爵（Count of Flanders）在「美男子」腓力一世（Felipe I el Hermoso）時代，也不必把自己發明成法蘭德斯民族。但核心的、位於最底層的權力博弈結構，並不因此改變。

Q 發明民族真的必要嗎？直接說獨立對大家都好。採集民歌、發明俗語、寫民族史，這些十九世紀的做法在今天真的必要嗎？例如我要是混成一個軍閥就自己搞獨立了，為什麼非要找一群民族發明家幫我發明民族？

軍閥也要受主流意識形態的約束。例如吳楚七國之亂和項羽，他們的理論是要恢復齊桓晉文的諸侯政治。而東漢末年的十八路諸侯起兵，雖然他們都想割據，但他們喊出來的口號卻是匡扶漢室，其實一點也不高興讓漢室復興。這就是意識形態的約束作用。

項羽如果成功了，多國體系就可以恢復。袁紹他們如果成功了，那麼必然會是袁紹、曹操、劉表之類的人再瘋狂廝殺一陣。這也是主流意識形態的約束作用。

軍閥必須論證自己的行為正當，正當性在政治上的用處就是節省很多統治成本。在競爭最激烈時，統治成本只要稍差一點，就可以產生很大的後果了。贏家通吃，而贏家一般也就是成本比別人稍低一點而已。稍低百分之一的成本，就可以通吃百分之九十五以上的戰果。

Q 徽商雖說烈火烹油數百年，畢竟是依附大一統帝國，在壟斷經濟中分取一杯羹，從未改變京杭運河抽取江南膏脂的局面，與英美的自發秩序不可同日而語。請問，徽民族在發明國史時，該如何安頓徽商敘事，尤其是他們的負面特質？又該如何妥善敘述徽民族與吳越、江淮的關係？

發明民族有兩面，一面是製造意識形態，另一面是製造政治組織，兩者非常不同。製造意識形態這方面，包括國史，當然要用最有利於培養民族自豪感的方式去處理材料。但這是比較表面的方式。

實質的方式是，在關鍵時刻你要怎樣找到徐寶山這種能夠調動武裝力量的人來保衛你的社區，怎樣找到土豪和土豪的保衛者。兩者是一體的話更好，但實際情況不會那麼順利。而這樣的人必然會像是柏文蔚、徐寶山和林述慶，他們迫切需要的是什麼？就是餉源。他們去哪裡得到供養武裝力量和政治機構的經濟支援？而且，他們必然要依賴長江航道、上海或吳越。這方面的做法，你只能到北洋時代各軍閥和士紳之間的關係中去尋找先例了。

Q 地域飲食在民族發明中的作用如果重要，那麼阿姨會如何評價晉國飲食？中國人辱晉經常說：「你們山西有啥好吃的，全是上不了檯面的東西。」

對民族發明來說，重視飲食不是好事。凡是重視精細飲食，就說明了居民已進入享受階段。所以英國人經常講，英國最好的食品都是法國風或義大利風。

民族發明最重要的是武德，是蠻族性。所以追溯民族發明，一般來說都要追溯到毛利人和印第安人這樣的族群（即使他們在人口中只占極小比例、並不是真正血統上的祖先），根本不會去考慮它在食物方面有什麼特長。

Q 我和妻子作為澳洲第一代移民，在養育子女的過程中應該注意什麼？例如晉人和華人的區分，晉族認同和澳洲認同的關係。

你只需要在填登記表時，把晉族填進去就行了。時間長了自然會產生足夠的效果，其他事不用刻意去做。

刻意為小孩做的事，經常沒好處。小孩是聰明的，但他的聰明不是成年人理解的那種知識程度的聰明，而是全方位的資訊滲透。也就是說，如果你刻意呈現的姿態，跟你日常習慣體現出來的東西不相符，小孩會非常敏銳地察覺出來，並感到痛苦。

其實，你根本不用刻意做什麼。你是什麼人，小孩就會受到什麼影響，不用擔心他會受到相反的薰陶。一般來說，家庭教育失敗都是父母刻意塑造的形象和真實人格不相符造成的。那種為富不仁、做假慈善事業、被社會認為善良但實際上卑鄙無比的人，特別容易在自己的家裡培養出逆子和敗子。

Q 需不需要發明雍國、塞國、翟國作為巴蜀的屏障，用來阻擋大一統帝國南下？

這要看當地有沒有強大的土豪。如果沒有，你發明了也是站不住的。知識分子搞發明，一般來說要借助語言、文化或歷史資源之類現成的東西。如果有某種特殊的語言、自古以來的某種特殊文化，或近代存在過的某些獨立政權，那就可以利用這些來發明一套民族理論。如果這些東西都比較缺乏，知識分子是發明不出什麼東西的。但土豪就無所謂。土豪根據黎巴嫩式的原理、現有的勢力範圍，就可以發明出民族來。

Q 發明民族與國家，能帶來哪些收益？是否會成為未來混亂的源頭？

有了共同體，你就可以把沒有共同體的散沙作為原材料來利用，這樣你的生存機會就大大提高了。

歷史上最倒楣的人並不是那些經常失敗和被征服的民族，而是那些根本沒有出現在記錄中的民族。曾經亡國的波蘭、匈牙利、捷克這些地方，只是不如德國或法國幸運而已。因為他們已經有了共同體，失敗對他們是有限的。

真正的犧牲品是那些還沒來得及形成民族、就成了其他民族原材料的角色，例如摩拉維亞（Morava）、加利西亞（Galicja），烏克蘭差一點也落到這種下場。

而大蜀之所以會死了比烏克蘭更多的人還無人理睬，恰恰就是因為它在發明民族這方面比烏克蘭人還要落後。當然，比大蜀更糟糕的地方多的是，大家可以想想死人多的地方都是些什麼地方。

Q 阿姨念茲在茲的巴蜀利亞，很可能和中國一樣只是個地理名詞，而非民族文明意義上的實體。若按您所說，「種花泯卒」（中華民族）是大散沙而不適合發明為民族，那麼巴蜀利亞則是迷你版的滞納散沙，同樣不適合。多少人為吳越、閩、粵進行發明，但巴蜀利亞主題卻乏人問津，這就說明巴蜀利亞的發明岌岌可危。

你還沒有搞懂民族發明的奧義。這就像給小孩取名一樣，你不發明就沒有，發明了自然就會有。給它起了名，就會圍繞這個名字產生故事，圍繞這個故事就會產生實體。

打個比方。本來散在一旁、彼此毫無關係的枝葉，只要設立了一個隱秘中心，自然而然就會被吸上去，順著中心形成一個新的實體。至於這個實體是什麼，實際上不取決於中心本身，而是取決於這個中心吸引過來的原材料。

也就是說，把鹵水滴進豆漿裡就會形成豆腐，但如果鹵水滴進去的地方並不是豆漿，那也會形成相應的東西。

只要發明民族，就一定會有民族，但這個民族是芬蘭還是白俄羅斯，那就完全說不準，也許是敘利亞呢。有愛沙尼亞的材料，才能發明成愛沙尼亞；如果沒有，就會發明成白俄羅斯；再沒有，就會發明成敘利亞。差別就在這。

Q 如果諸夏民族發明失敗，東亞大陸被張獻忠[9]和八個大大[10]瓜分，您會不會心灰意冷地從公眾視野裡消失？

坦白說，諸張獻忠和八個大大互相掐來掐去，必然產生犬牙交錯的地帶，總會有人利用「諸夏」作為自己的工具。或是說，「諸夏」適合當做冒險家利用的材料。

好像總有些人以為，諸夏必須是韓國那種規模和層次的民主國家才行，但在實際可預見的未來，諸夏能搞成張作霖、吳佩孚那個層次，已經是祖上積德了，很可能會出現很多更不像樣的角色。但只要他們事實上會發揮解構東亞鄂圖曼主義的作用，我也就滿意了。八個大大很可能會導致許多不同的斯坦國和埃米爾國，不是一下子就能建立起大一統結構的。

9 張獻忠是明末民變領袖，以濫殺和屠蜀出名。「張獻忠」作為劉仲敬「阿姨學」的概念，是從二〇一六年左右開始的。劉仲敬認為，在東亞地區可能發生的大動亂中，會出現三股勢力：諸夏軍閥、八個大大和張獻忠。諸夏軍閥指的是割據一方的建制勢力。八個大大指的是入侵東亞的伊斯蘭勢力。張獻忠指的是各地流民自發產生的無特定形態勢力。由於第三種勢力在秩序崩壞的生態場中不遵守任何規則，必然以殘暴著稱，故以濫殺出名的張獻忠作為代稱。然而在二〇二一年之後的網路社會中，「張獻忠」概念的含義發生了變化：在中國因經濟衰退而導致的隨機傷人事件增多，「張獻忠」用來形容報復社會的無差別殺人行為。

10 此為阿姨學的重要概念，是已故的伊斯蘭國領導人巴格達迪（Abu Bakr al-Baghdadi）的諧音。在阿姨學中指代可能會入侵東亞地區的伊斯蘭勢力。

Q 對於那些想成為新國家的國父或第一代國民，欲親身創造歷史的政治冒險家或職業劊匪家，您有什麼忠告？

共同體是由歷史發明家創造出來的，在此之前一切都是原材料。發明家必須因時因地處理原材料，所以必須享有最廣泛的自由裁量權，也就是所謂的「將在外，君命有所不受」。無論一開始援引的理論是什麼，只要在操作過程中發現不適用的地方，就要毫不猶豫拋棄；若發現比較容易發展的方向，就要毫不猶豫採用。

發明民族是一個嘗試錯誤的過程，任何既存的框架都不能約束你。唯一合理的裁決就是神裁，神裁就是事實的裁決。如果你發現造出來的東西不管用，那麼這個不管用就是它應該被拋棄的理由；如果你發現造出來的東西管用，那麼這個管用就是它必須存在的理由。除此之外，其他一切都是虛的。

Q 因為在內地不許成立政黨，若想學港獨陳浩天在海外成立大蜀臨時政府，或不那麼敏感的大蜀自治會等，以奪獨立之先聲，聚同道之合力，會有何利弊？例如大陸方面會施加什麼影響、對以後建國有何益處。

這樣的組織其實已經有了，蜀和粵都有，只是它們的意識形態過於陳舊，有點像是國粉[11]和皇漢[12]的混合物，所以找不到正確的方向，等於是在原有的大中華主義圈子或東亞沙文主義圈子裡分食一塊很小的資源，對自身的位置和機會都不能適當把握。

要達到歐洲民族主義的標準，還必須在發揮政治功能以前，做好發掘和整理本土文化的奠基工作。這些工作做大了，比較上層的工作才能次第展開，擁有充分的資源，否則你在同一個小圈子裡不斷競爭，基本上難逃內卷化的發展。

現在它們的實際影響力還遠不如已成氣候的蒙獨、藏獨組織，它們還需要在外交和國際聯繫方面多做些工作，至少要像是日本或德國的突厥人那樣，有常設性組織，經常在國際場域發話，建立足夠的影響力，然後才有資格成為迫害對象，也才談得上構成統戰或反統戰的資本。

團體都是有兩層的。在基礎這一層，要有一個本土文化建設，而這樣的工作不一定要在海外做。地方文化的發掘，有很大一部分可以潛移默化地在本地做，取得土豪的支

11 指嚮往中華民國的中華人民共和國部分民眾。

12 指大漢族主義者。

援以合法和半合法的方式做到。

只有建立國際關係、爭取國際影響力、在海外建立比較正式的政治和宣傳組織，這些事才非得在國外做。而且在國外做的這些事，若要贏得足夠長效的影響力、在假定的輿論圈和政治圈贏得足夠的可信度，也有賴於在國內所能發揮的潛在影響力。兩者之間相當於土壤和果實的關係，中間要有暗渠相通。

比較低級的資源匯聚起來，到了一定程度需要升級時，就需要海外了。例如你要出版粵文化、蜀文化或諸夏其他文化的高級著作，在國內的學術體制下是辦不到的，這時你就需要香港、臺灣或海外的出版管道了。

比較高級的組織發展到一定程度以後，你不出去就長不大，或是長到一半就被打掉了。但如果你沒有把最基層的東西建立好、把那些像小草一樣細微的力量聚集起來，那麼高級的上層建築即使是在外面，也會失去營養資源；即使能長高，卻總是根基脆弱、長不大。

當然，這樣脆弱的小團體，它的存在本身也能發揮創建和維護傳統的作用，所以不是沒有意義的，但若要讓它真正繁盛健壯，就要把上層和下層聯繫起來。

Q 請阿姨點評埃及祭司曼涅托（Manetho），我覺得此人在發明民族方面的生態位和康有為很接近，對中國有參考價值。

曼涅托是林語堂這一類的人物。他所在的時期，埃及文化瀕臨滅亡。現在他被認為重要，是因為埃及的古文獻已經高度邊緣化了，所以那些希臘文譯本或用希臘文寫成的埃及著作，即使量少也顯得特別重要（大多數人都能讀懂希臘文，而古埃及文字已經沒有人能讀懂了）。

你可以這樣想像，假如未來漢字完全消失，除了極少數專家以外誰也不懂漢字，那麼林語堂用英文寫的《吾國與吾民》就要變成中國歷史的主要參考資料了，因為大多數人都能讀懂英文。

Q 能否詳細解讀一下諸夏民族發明的「先入咸陽者為王」原則？

民族發明是神裁。我們現在看到的各民族歷史，都是在民族發明已經成功以後，站在成功者的角度逆向篩選出來的；也就是根據後來的標準回顧歷史，重新選材編纂出來的。所以不可避免會忽略大量史料，改而強調另一批史料，透過重新改造比例感，塑造未來人的認知格局。

因此，任何人只要站在「先入咸陽者為王」這個地位，他實際上就透過觀察者改變了被觀察的事實。你只要把民族發明成功了，那麼在你發明成功以前的史料，都必須根據你發明成功這個事實進行重新改組或重新解釋，呈現出完全不同的意義。

Q 您覺得在即將到來的亂世裡，是更需要一支軍隊還是一個文人俱樂部？

民族發明學有最低綱領和最高綱領。最低綱領就是在最糟糕的情況下，它要有一個祭司集團，像流亡時期的猶太人一樣長期守護火種。猶太人是守護火種魂器的最佳標準，他們從巴比倫、古代世界滅亡以來，守了幾千年。

而民族發明學的魂器守護任務沒那麼複雜，頂多需要守護幾百年，而且守護者的技術和虔誠度，也沒有猶太人要求那麼高。

這些守護者必須是知識分子，廣義來講也可以說是文人。他們絕不像一般的人文主義文人或輿論領袖那樣輕浮，他們必須要有堅定的信仰和有機性。雖然不如宗教信仰要求那麼高，但一定要遠遠超出一般的文人團體。

守護魂器的祭司集團，他們的功能發揮在節點和節點之間那一個不確定的時間段上。在這個時間段，歷史的軌跡不會發生戲劇性的變化。祭司團體就是用來保證魂器的存活，保證民族的植物性生命。等到節點來臨時，祭司團體就沒什麼用處了。

這時，就非要有武士團體不可。只有武士團體能把握住這個節點，將保存的魂器釋放出去，在極其短暫的時間發揮倍增的效果，把大多數沒有明確意識的歷史原材料改造成歷史的主體。機會轉瞬即逝，在這個關鍵時刻，武士團體的作用是不可替代的。

Q 很多反支者討厭民族發明學，認為這條路的天花板也就是幾個紙上滿洲國，論格調不如罵粉紅或挺民運白左[13]，論可行性不如跑路文明世界、專心搭羅馬便車，您怎麼評價這種想法？

這要看是對個人來說，還是對所有人來說。對個人來說，你想要抵抗力最小、性價

13 帶有貶義，用來形容支持歐美世界文化左派思想的人群。

比最高，那當然是搭便車。別人搞好了現成的共同體，你搭上去就行。

但世界終究是公平的，你那樣做會有一個弱點：因為你還是沒有自己的共同體，所以你得想辦法融入別人的社會。

例如在英語國家，你若要融入別人的社會，你肯定不如印度人或其他原殖民地居民，因為他們可都是受過殖民地訓練的。他們之間的關係就像充電器和手機，是配套的接觸；而你是外人，融入多半是下幾代的事，而且你融入的程度，包括子孫後代，多半都比他們差一級。

這就是搭便車的結果。建立自己的共同體，難度高得多。但也只有難度高，才有大的收穫，否則以色列人為什麼非要建立以色列國呢？

Q 對於那些不想參與發明民族，想搭西方文明便車，移民到威爾遜世界，做安穩中產階級，成為黃皮西方人的人，您有什麼忠告？

他們是高度的、極端的原子化個人，是世界上最沒有可能獨立形成自己共同體的人。他們處在那個位置上，就別夢想在海外建立大中華社區。這種社區只會招來排華運動，那時他們就會發現，自己所製造的假共同體沒有絲毫抵抗能力。

他們的最佳選擇就是最大、最強、最接近統治地位的群體，以個人身分加入，在幾代人後忘記自己的出身，把自己變成黃皮白肉的香蕉人，這樣就能得到最大的安全。

如果他們形成小共同體，戰鬥力是不可能跟韓國人、印度人相比的。印度人至少經過了一定殖民主義的薰陶，跟西方主流文化接觸的介面較多，比較能勝任管理職務。

Q 既然海外流亡者是民族發明的溫床，為何海外大陸華人，尤其是嘴上反黨、反大一統的那些人，在近兩百年或幾十年來，在諸夏民族發明方面沒有值得一提的成果？是季候[14]衰朽，還是世界大氣候的原因？

這就是士大夫文化的自然產物。凡是講拉丁語的知識分子，都是不高興搞民族發明

14 源於「文明季候論」，是德國歷史學家史賓格勒在《西方的沒落》（*Der Untergang des Abendlandes*）中提出的觀點。他認為，文明的發展如同自然的四季，有生長、繁盛、衰退、死亡的過程。史賓格勒的文明觀是一種有機體論的文明模型，把文明比作有生命週期的生物，經歷春、夏、秋、冬的階段。

的，講阿拉伯語的知識分子也是。

既然你已經掌握了帝國的語言，而且這是你投資了相當大的成本才獲得的東西，那麼掌握了這個語言的你，就已經進入一個橫向聯合的小團體。此時你要獲得最大的利益，就得維持這個小團體的壟斷地位，所以你當然不可能再為你的家鄉利益著想了。

只要是按照士大夫模式培養的，無論是拉丁語、阿拉伯語還是烏爾都語，結果都是如此。它把本土最精華的人從本土抽走了，使共同體失去了保護自己的主要力量，留下來的都是比較笨或沒有上進心的人。最有上進心的人，要為帝國出力反對本土了。

Q 對當代中國知識分子而言，除了普通話教育之外，英文是否也能達到誘使菁英切斷鄉土聯繫的作用？如果這些人因列寧主義教育和帝國語言的誘惑而完全擔不起民族發明之任，那麼應該把希望放在哪些人身上？

民族發明家歷來是由三種人組成的，排名如下：第一名教會領袖，第二名浪漫主義文學家，第三名歷史發明家。通常最成功的民族發明是三者結合的產物。

第一種是最重要的，而且在第一種之中，基督教會最重要。原本就是基督教的地區不算，非基督教地區的民族發明，九成以上是由基督教會完成的。在許多情況下，儘管發明出來的民族不是以基督教徒為主，但最初的發明家通常都是基督教徒。

阿拉伯各國的民族主義，就是由阿拉伯基督教徒發明出來的，占人口不到兩成。其他例子還有，敘利亞基督教徒人口只占兩成，埃及更只占一成。臺灣民族則是長老教會發明出來的，韓國也是。

Q 日本作為一個民族國家有一億多人，而一些歐洲小國卻只有幾百萬人。民族發明有沒有人口規模限制？是不是人口愈少，愈容易達成？

人口、語言、習俗和地緣都是限制因素。人口少確實比人口多更有優勢，因為共識的成本就是隨著人口變多而增加的。

成本愈高，發明民族的優越性就愈低。在一個比較小的團體形成一個比較緊密且廉價的共識，比一個更大的團體形成混亂的共識所需要的成本要低得多。

在共識過於混亂的情況下，採取有效行動的唯一方式就是削減共識成本，也就是削減政治參與度。換句話說，必須回到帝國的套路，建立一個橫向的、小型的菁英階級，把大多數人排斥到決策層之外，這樣就能解決共識成本的問題。但這樣一來，帝國就不可能按照現在常規的民族民主國家模式正式運作了。

Q 黃泛區[15]費拉以打工仔的身分，像洪水一般湧入長三角和珠三角，大大加快了當地的費拉化，對此您有什麼好的辦法？

這其實是一件好事。民族身分是依靠他者確立的。西方凡是涉及民族發明學的著作，都要強調他者的作用。沒有他者，自我意識就不會明顯，這一點對個人或共同體來說都是如此。

嬰兒剛出生時，無法辨別自己的手和周圍環境的區別，也沒有明確的自我概念。透過嘗試，感到手會疼、身體會疼，其他的物體不會疼，才產生「我」的概念。共同體也是如此。英國人和愛爾蘭人就是透過相互接觸和歧視，才把彼此發明出來，法國人和德國人也經歷了類似的相互刺激。吳越人如果沒有跟白完[16]或其他流民接觸，大概也不會意識到自己的獨特主體，不會覺得自己的特殊性非常寶貴。

Q 現在有這麼一批人，他們雖然接受了姨學的觀念，但在民族發明學上卻持不同立場。他們認為只有滿、蒙、藏、回適合發明民族，而關內的漢人則都是噁心的生物，替他們發明民族純屬浪費時間。您對於這批人有什麼話說？

他們做的沒錯，所有的民族都是如此。克羅埃西亞人一定要堅信塞爾維亞人是不可救藥的斯拉夫人，但同樣也要堅信斯洛維尼亞人是克羅埃西亞人的一部分；斯洛維尼亞人則一定要堅信自己是德國人的分支，克羅埃西亞人是義大利和斯拉夫血統很重的一部分人。

這些事都要講歧視鏈，歧視鏈自然也是有規矩的：愈接近英美和世界中心的人，地位愈高，應該歧視那些距離比較遠的人。再來，愈接近封建蠻族武士傳統的人，地位愈

---

15 泛指歷史上曾處於黃河泛濫區的文化區域，包括河南、湖北、山東、河北、皖北、汾河片、渭河平原、淮北地區等地。

16 網路流行語，是皖（安徽）拆開來寫，有輕蔑的意味。

高，應該歧視那些費拉性比較強的人。

例如，上海民族必須要歧視巴蜀利亞民族，否則它這個民族就是假的；巴蜀利亞民族也一定要歧視中華民族和駐馬店人，否則也是假的。內亞各民族歧視東亞各民族，天經地義，但他們不能反過來歧視歐洲民族。

Q 如果有人打算利用亞裔細分法案，把滿洲人、吳越人、南粵人加入亞裔細分分類，有可能嗎？

這就是一個考驗了。如果你也像Taiwanese那樣，在民主黨內已經有好幾個資深議員，那就不僅可能，而且應該，還能說是蓄謀已久。如果你還沒有這些人，那就說明你在美國的團體經營做得不夠多，應該趕緊以此為榜樣去深入發展你的院外活動集團才行。Taiwanese在民主黨內的地位是過去十幾年長期經營的結果，不是平地一聲雷就做起來的，這裡面有好多奧妙和水磨工夫要做。

現在的波蘭民族不是由居住在波蘭和烏克蘭的大多數波蘭人口發明出來的，而是由占人口不到百分之二、流亡巴黎和美國的波蘭人發明出來的。這些波蘭人在法蘭西國民議會中有很多議員，在普法戰爭時期就有了，所以後來法國的東歐政策很像是被為數極少的波蘭院外集團牽著鼻子走。而在美國的波蘭人，他們的勢力沒有巴黎國民議會的波蘭人那麼大，但在民間卻非常有影響力。威爾遜的十四點和平綱領中特別把波蘭人提出來，卻沒有提到東歐其他小民族，並非偶然。其他各民族的流亡者，在民族發明這方面就不如波蘭人成功。

所以滿洲利亞人、吳越尼亞人、坎通尼亞人、巴蜀利亞人和湖湘尼亞人，哪些人能成為亞洲的波蘭人，哪些人只能是亞洲的羅馬尼亞人或其他什麼人，那就要看你在美國的院外集團有沒有足夠努力了。

捷克人在法國國民議會中沒有產生波蘭那樣的議員，但他們在法國外交部對英法與協約國也有充分影響力，足以在巴黎組成捷克民族委員會和捷克軍團這樣的組織。所以論東歐各國的民族發明，波蘭第一，捷克第二。

流亡團體比本土多數人重要得多。只占人口百分之一、二的流亡團體，因位在巴黎或華盛頓，所以就比留在本土、人數多幾十倍甚至上百倍的默默無聞的人更為重要。

您認為香港人已經跨出了民族發明不可逆的節點，又認為新加坡人不是一個民族，而是被政府當作工廠員工管理的一群居民。請問同樣是由大英帝國殖民地轉型為城市國家，何以差距如此之大？

民族發明跟自發秩序有點關係，是自發秩序的一層保護膜。

你先要有民間力量，然後民間力量感到「這個國家不是我的，它不但不保護我，反而迫害我」，然後痛感「沒有祖國你什麼都不是」，這時他們就會想到發明民族了。

以前的香港學生可能會覺得，在英國也好，在香港也好，都是一樣的，大家都在過日子。但在經過近年的衝突之後，他們就痛感到，原來香港的法院、特區政府、立法會的大佬都跟我們作對。我們本來是為了香港人好，但在香港卻得不到任何保護。換作在美國或臺灣，我們的命運不會是這樣的。

這時他們就開始發現「沒有祖國你什麼都不是」，這種痛苦就會轉化為發明民族的動力：我們也要建立保護我們，而不是迫害我們的國家機器。這就是發明民族的動機。

波蘭人、匈牙利人、克羅埃西亞人為什麼要發明民族？也都是因為他們在原先的政權當中，承平時期覺得大家都差不多，出了事才發現統治我們的國家原來不是自己人，跟我們不親，不能維護我們共同體的利益。然後他們才想到，那我們乾脆發明民族吧，接下來的故事就一步步展開了。

新加坡的問題在於，雖然地方小，但它採取的做法並不是檳榔嶼的閩南人、客家人或其他族群把自己的語言總結出來，然後建立一個閩南人、客家人或其他族群的長老會議，到馬來西亞的政治結構中為自己找一個地位，例如爭取用自己的語言辦學校、出書。這些事在馬來西亞都可以做，因為馬來西亞人秉承了英國人的基本憲法，除了公務機關要用馬來語以外，其他民間單位怎麼做都行。

但新加坡就沒有走這條路。我們要注意，在新馬之間，是馬來西亞繼承了較多大英帝國因俗而治的遺產，而新加坡則走上了一條武斷干涉的路。新加坡要求所有居民講英語，在原先屬於方塊字體系的族群當中，盡可能偏袒國語而打壓各族群的語言。

這很古怪，因為新加坡原先使用方塊字的那些居民若不是閩南人，就是客家人，總之基本上沒有滿大人語的使用者，但新加坡政府卻採用了比馬來政府刻薄的手段來打壓這些被它稱為方言的語言。

也就是說，要不是用英語一統江山，就是用國語一統江山，把原本跟自發秩序緊密聯繫在一起的方言都消滅掉。相反地，西方傳教士來的時候，他們必然是要把聖經翻譯成方言，並保護這些方言的；大英帝國來的時候，也必然是要保護這些方言族群的。

這樣你就可以看出新加坡的治理結構了。新加坡一方面沒有完全取消大英帝國的憲法結構，這是它目前在西方還混得下去、也還能成功發展資本主義的主因；另一方面，新加坡在很多它能夠做主的地方，在大英帝國留下的基本盤之上，已經做了很多吏治國家的工作。它非常像托克維爾描繪的那種結構：人民沒有學到西方的知識，但統治者學到了，因此統治者可以運用這些知識，像是管理工廠一樣，把全體臣民整齊地管理起來。這一點，李光耀和他的繼承人沒有做到，但他們無疑是想這麼做的。這就是為什麼新加坡的政局比馬來西亞更專制的緣故。

當然，這也跟方塊字族群在政治上沒有馬來穆斯林族群多元化有關。從自發秩序的角度來講，東南亞這些穆斯林族群比閩越系族群更多元，擁有更多的秩序資源。這個基本盤再加上李光耀家族及其繼承人的政策，導致馬來西亞比新加坡更能體現自發秩序。

香港的粵語教育和自發秩序，跟馬來西亞、檳榔嶼這些地方的自發秩序一樣，是大英帝國養大的種子。而共產黨在香港的地下黨和其他的親共勢力所做的，恰好就跟李光耀在新加坡做的一樣，都是盡可能摧毀和壓制這些自發勢力。

如果他們成功了，那麼香港和新加坡的資本主義也就毀了，因為資本主義的力量不是來自於公司文化或訓練，而是來自於民間的自發秩序。任何一個公司所消費的資源，都是民間自發秩序培育出的資源的一小部分而已。如果為了果子而傷害了樹根，那麼很快就不會再有果子了。

Q 您曾說過，十九世紀的世界背景是這樣的：原先的自治實體變得更加規範和穩定，新生的自治實體變得更加稀少和脆弱。歐洲文明開始步入理性和成熟的時代，對於上海這樣一個新生的小毛毛蟲，冬天已經來臨，路徑已經鎖定。現在上海獨立城邦的機會，跟十九世紀相比，是更多還是更少了？

上海建立像漢薩同盟（Hansa）和東印度公司那樣非國家的亞國家法人團體，機會是更少的，因為季候已經進一步成熟了。在整個中世紀，有無數這樣小小的幾萬人、幾千人的自治城市，他們可以隨隨便便殖民，到斯拉夫世界或其他地方，沒有政治正確的束縛，久了以後他們就會建立自己的國家。

東印度公司在印度可以經營的時間，也比上海要多一百多年。上海跟印度相比，是位於大英帝國文明傳輸鏈更遠的末梢，又晚了一百多年，輸入又少得多，一切都更加不利。而且現在要建立準國家式的城邦國家，會比當時困難。十九世紀民族國家興起以後，最主要的效果就是使這樣的自由城邦在得不到強大民族國家保護的情況下，變得更難生存了。

在中世紀和近代早期，像東印度公司和巴達維亞（Batavia）那樣的口岸城市，是有自己的外交政策的，它可以組織幾千名雇傭兵，跟其他大國交戰或議和，從事各種外交活動。但等到上海自由市剛成立時，英法等國已不容許工部局擁有同樣的外交自由。

你仔細查看工部局留下的檔案就能發現，工部局的命運打從一開始，就比東印度公司差。工部局做任何事都要跟上海本地的領事團、北京的公使團談判，英國公使如果不贊成，就什麼事都辦不成。然而巴達維亞和印度的東印度公司，在大航海時代根本不用坐幾個月的船到倫敦或阿姆斯特丹去請示，他們可以因地制宜、當機立斷，像國家一樣行事。這就是相對於巴達維亞和加爾各答，上海先天處於不利地位的證明。

但從另一方面講，二十世紀以後的上海又獲得了其他有利條件。建立中世紀式的城邦國家，困難更大了；但建立二十世紀以後、威爾遜主義以後、凡爾賽會議以後的民族國家，困難反而減少了。

像里加這樣的漢薩同盟城市，在一九一九年後已經不可能建立了；但是像愛沙尼亞和拉脫維亞這樣的民族國家，反而更容易建立。因為在城邦國家或公司國家變得不再符合政治正確時，民族國家的政治正確性卻大大加強了。里加市民在中世紀會堅持建立漢薩同盟這樣一個跟上海自由市非常相似的自由城市，但在二十世紀以後卻會堅持建立愛沙尼亞和拉脫維亞這種民族國家。

所以，上海自由市的時代已經結束，而上海民族國家的時代，則是可以開始和剛剛開始的。上海人如果要簡單複製東印度公司的歷史，必定失敗；但如果是模仿愛沙尼亞和拉脫維亞的歷史，那就處在非常有利的地位。

一旦有民族國家的概念，就會開始解構帝國，無論是蘇聯帝國還是俄羅斯帝國。蘇聯帝國又比俄羅斯帝國更容易解構，因為俄羅斯帝國還有君主制的正統性，而蘇聯帝國則是一個赤裸裸的無產階級亂臣賊子。

因此，上海如果要發明民族，其正統性和正當性會比從大清帝國獨立出來更強。也就是說，有些保守派人士本來不會支持上海從有限自治變成獨立國家，卻很容易支持上海脫離共產帝國。因為反共的政治正確增加了發明民族的資源，同時減少了北京紅色帝國可以運用的資源，因此做愛沙尼亞的難度反而減輕了。

所以，按照季候的原理來說，同一批資產階級市民，原先應該發明漢薩同盟的，現在改為發明拉脫維亞國了；原先想要發明工部局的，現在就應該改一改路子，發明香港民族和上海民族。香港民族和上海民族在未來取代香港的商會和上海的工部局，正如愛沙尼亞和拉脫維亞取代里加和雷瓦爾（即今日的塔林）的漢薩自由市一樣，都是符合歷史季候的選擇。

當然，你也可以做其他選擇。如果里加城不選擇漢薩同盟，就會被波蘭王國或莫斯科公國併吞；如果不發明拉脫維亞民族和愛沙尼亞民族，就會被德意志帝國或俄羅斯帝國併吞。兩相比較，建立自由市是在中世紀所能做出的最好選擇，發明民族國家則是在近代的最好選擇。

遠東海岸的香港和上海其實也是處在這種情況。在前近代時期，它們最好的命運就是發明自由市；在一九一九年以後，最好的命運就是發明民族國家。如果發明不了自由市和民族國家，那麼合理的命運就是被最靠近的帝國吞併。而在帝國當中，它們的命運遠不如建立自己的政治體系。

至於什麼政治體系最合適，這就是一個敏銳地把握季候、掌握環境條件的問題了。如果單純從秩序生長的角度來講，其實漢薩同盟比愛沙尼亞和拉脫維亞更有潛力、更具有多樣性，但當今的歷史時勢不容許它們走回頭路了。工部局和可能出現的上海民族相比，它們的關係也是一樣的。

Q 關於海外諸夏民間社團的現象，我認為只有走猶太人國家的道路，才是最接近中國人的道路，因為中國人的處境與性格和猶太人非常相似。您是否認為，只有以宗教的形式，這種剛誕生的民間諸夏組織才有發展前景？如果上海建立一個亞國家的社會團體，一半以上是歐美裔成員，對組織發展有好處嗎？

像猶太人那種團體，其實是最不可能的。猶太人並不是以色列國。如果沒有兩次世界大戰，以色列國大概不會出現。

所謂的猶太人特點，通常是說它要建立與善於建立亞國家組織，這些亞國家組織和團體能為成員提供全方位服務。其實這些特點，正好是現代歐洲人沒辦法同化穆斯林團體的主因，而猶太人建立起來的那些團體，跟穆斯林團體在組織上的相似性是非常明顯的。它們能夠提供整全性的世界觀和全方位的社會服務，使成員沒有必要離開這些團體去尋求國家的支持和保護。同時，也使得背叛和否定這些團體的人，實際上像是犯了叛國罪一樣被放逐，陷入孤立狀態。這些特點恰好都是一盤散沙的反面。

中國人的特點就是，除了國家組織以外是沒辦法結合的。也就是說，如果不用國家暴力施加威脅，他們根本無法進行較大團體的合作。

猶太人在國家組織不強的地方，能夠發展出亞國家團體，像國家一樣行動；在國家組織強大的情況下，除非出現希特勒那種迫害強度，否則你也無法打散他們的團體。在自由民主的政體下，猶太人的團體和關係網根本不會受到周圍較弱關係網的影響。

而散沙式的中國人則恰好相反，任何人都可以征服他們。中國人被拋到任何強組織度的社會旁邊，都會很容易被吸收或消滅。反過來的情況，沒有。

像上海這樣的地方，它最好的前途無非是在盟軍建立的尾巴上，經過象徵性的戰爭而建國。也就是利用上海作為一個商業都市，以及控制揚子江貿易的優越性，吸引列強干涉一下，這樣它就不用出太多力了。這是比起內地諸夏其他各邦，上海比較占便宜的地方。

但也只有沿海幾個大港口城市才能指望國際維和部隊，其他地方不可能享受這種優越地位。如果你有這樣的優越地位而不能利用或利用不了，那只能說你的脫華和脫支程度很差，外人看不出你跟駐馬店的中國人有什麼明顯差別。那樣的話，你就很容易被放在中國人當中，被下一個編戶齊民的帝國再宰一次。

就像蘇聯的列寧格勒那樣，即使在蘇聯解體、新俄羅斯建立以後，比莫斯科和內地富裕得多，仍然要被中央政府剪羊毛，而無法做到像里加、塔林那樣發明自己的民族，把所有財政資源都留給自己用。相比之下，列寧格勒只能變成聖彼得堡，這就是政治德性的差別。

僅就此而言，這是事在人為的，並不是說涅瓦河口的港口有什麼天然條件，所以就一定不能，主要是因為聖彼得堡的菁英擺脫不了彼得大帝的傳統，無法發明自己的民族而已。所以，這件事處在可能性的視窗之內，是可以實現，但也不一定會實現的事，而不是蔣介石那種不可能實現的願望（希望進入世界文明中心，讓偉大中華民族復興大中國）。

你能不能實現，要看本地菁英階級的願望和責任心。如果是可以實現的事卻實現不了，那就是本地菁英階級的責任；本來就不可能實現的事實現不了，很難說是任何人的責任，只能說你們真夠蠢，追求了本來就沒有希望的事業。

Q 如果一個地方的社會生態已經嚴重惡化，導致在基層能吃得開的宗教只剩下拜上帝會、閃電教之類，那麼民族發明家是該斷然與之劃清界限，將其打入邪教流寇，還是本著聊勝於無的原則，將其發明成類似儒家宗族或閩南教會民間組織力量的萌芽種子？或根本就不該過早表態，等待機會視窗打開或出現實際統戰利益時再站隊也不遲？

第一，邪教本身無法發明成民族。第二，邪教所造成的局勢可能有利於發明民族。如果你跟著拜上帝會，他們只會把本來就沒多少的一些草根掃除乾淨，而你跟著他們走，雖然暫時可以得到很大的利益，但長遠下來（這個「長遠」也不長），頂多十幾年，還是會一事無成。

但在他們製造的亂局中，會生出一些有利民族發明的形勢。例如拜上帝會到了吳越，就會生出趙景賢這樣的鄉紳。他們原本可能比一般費拉強不到哪去，但在巨大的壓力之下，大多數反應不過來的人就繼續費拉，被淘汰掉了；少數能反應過來的人，則會像趙景賢和羅澤南那樣，開始加強自己的團體。他們加強出來的團體，就可以作為民族發明的凝結核。

也就是說，邪教本身不能作凝結核，但邪教清理了大部分費拉，讓能夠覺悟的一部分人覺悟起來，形成了比較有模樣的凝結核，那麼這些人和團體就可以作為民族發明的材料。如果沒有邪教這樣的衝擊，他們可能也跟其他費拉沒什麼區別。後一種人，就是羅澤南和趙景賢這種人，才是你需要做工作的物件，或者你本人就可以去做趙景賢或羅澤南這種人。

Q 近年接觸了某些特殊人群，他們祖上曾是吳越或南粵的中產階級，但在一九四九淪陷後，由於設法娶了黃俄[17]的女兒或嫁了黃俄的兒子，家門得以保全。婚配後的第二、第三代又在改革開放後，利用資產階級的默會知識與黃俄的人脈，兩頭得利，發家立業。因此他們對中國赤偽當局並不反感，反而愛國愛黨，護主心切。因為他們並非出身於純粹的黃俄

17 黃俄字面意義為黃皮膚的俄國人，在不同語境下有不同的含義。這裡的意思是指中國共產黨人，因為中國共產黨繼承了蘇聯俄國的政治體制和意識形態，是蘇聯的代理人。

無產階級，極具迷惑性和煽動力，將來的諸夏愛國者，應當如何把他們找出來處理？

這跟諸夏愛國者無關，只跟吳越愛國者或南粵愛國者有關。「愛國者」的本質是一個秩序輸出集團或秩序生產集團，因此它有能力殺人和保護人。換句話說，它就是一個建立國家的以色列式軍事集團。這個軍事集團在建軍和建國的過程中，當然要有人替他辦後勤和籌餉這類的事，自然就會形成依附它的商業集團。這是民族發明的正道。至於替他們做廣告、提出各種政治甄別方案的知識分子，那都是周邊的周邊了。

在什麼情況下可以放寬標準，盡可能少殺敵對勢力，多保存一些社會資源，在什麼情況下為了保證自身和國家安全而要殺得徹底一點，不僅純粹的黃俄要殺，你描繪的那種依附黃俄的本地資產階級後裔也非殺不可，那完全取決於一時一地的政治。

所謂「將在外，君命有所不受」，主權者直接受命於天，只有上帝才能裁決主權者的是非。所以只要主權者（建立國家的軍事集團）認為此時此地非這麼做，那就合適。

Q 請阿姨簡述熱乾麵對於武漢發明民族的意義。

任何符號都可以用來發明民族，關鍵在於你有沒有足夠的支持。符號本身的實用價值或實際意義根本無關緊要，只要它自己的支持者善於折騰生事、足夠引起爭議，那麼任何符號都可以達到目的，所以熱乾麵和黃鶴樓沒有任何區別。

Q 在民族建構中，最關鍵的是菁英階層在歷史節點上的選擇。經過土改、反右、國有化後，當今的中國還有這樣的菁英階層嗎？高考後的新貴，他們有沒有可能透過財富或知識的積累，形成這種新的菁英階層？

我真實的看法是很悲觀。我認為他們的無根性太強，不像以前的儒家地主能紮根一地，維持當地秩序，而且把自己的利益和地方的利益結合在一起。所以儒家地主至少還能出一個曾國藩，而現在這批人徒然有錢，但很容易流動，而且確實在迅速流動。

如果每個地方用最廣義來解釋菁英，中國有百分之十到十五的人口，包括我在內，都在不斷流動之中，總能找到新的臺階。如果你在深圳或上海，十之八九你會往美國跑；如果你在內地，就會往北上廣跑；在小縣城，則往省會城市跑。

也就是說，每個地方最有條件、最有可能、最有資格變成土豪的人，都不打算做土豪，而是打算升高一層，到別的地方去做遊士。他們全都以用腳投票的方式，對本地的未來投下了支持張獻忠的一票，所以這樣的路徑積分是極危險的。

但我也不能說，既然如此，你們乾脆準備吃人肉算了。在你們還沒有被煮成人肉之前，至少要有一個死馬當活馬醫的機會，所以能避免張獻忠的幾種可能路徑，至少都值得根據假設來考慮一下。

根據假設的意思就是，這樣的社會條件存在不存在，對此我是極度懷疑的。例如，中國能不能轉型，我就極度懷疑。我的直覺是，有了中國就沒法轉型，轉型以後就沒中國了。但如果有很大一批人認為這是可能的，那麼我也願意以這種假定的可能性為起點來展開討論。

照我的推演，即使假定中國能轉型，轉型的結果仍然逃不開兩種情況：內亞勢力再一次輸入（上一次是共產國際，這一次可能就是伊斯蘭極端勢力），另外則是在外來干涉沒有出現的情況下，按照拉美式軍閥割據的方式走向解體。

這還不是最悲觀的情況。軍閥多少要具備一些有根性，至少要認為值得在本地長期當一個軍閥。如果他認為迅速搶劫一批，然後拍拍屁股走人很合理，讓本地居民愛死愛活、自己想辦法解決，那麼情況會比軍閥割據還要糟糕。

Q 為追求民主制度，大民族的構建有相當的歷史優勢。您覺得是利用這些歷史優勢來實現民主好，還是放棄它、經過百年動亂來實現民主好？

好或不好要看你的立場。你要建立民主，那必須有一個主體，也就是「誰的民主」的問題，必然有被排斥的部分。波蘭民主的前提就是，大批猶太人、烏克蘭人、立陶宛人遭到屠殺和驅逐。目前波蘭人的民主，沒有以上的犧牲前提是做不到的。其他民主都要涉及共同體的問題，伯里克里斯（Pericles）的民主也有被排除在外的人。

所以，民主不是一個有好處或有壞處的問題，而是一個對誰有好處、對誰有壞處的問題。你沒有搞清楚要讓誰得到好處、誰得到壞處以前，這個問題是沒有答案的。

而且我並不特別支持民主。民主可能是好的，但假如未來三十年，民主並不是可能性最大的路徑，那麼我確實不願意浪費太多時間去探討它。民主也可能是壞的，但假如未來三十年，它是極可能出現的情況，那麼我會仔細探討它。這是實然和應然的區別。

「百年動亂」是帝國系統的附帶產物，而且是人類歷史上的常規。至於它是好是壞，那是另外的問題；它是最有可能出現的，這才是要害。

如果非要抽象討論好壞，那麼對於我在乎的價值觀最有利的，就是好的。這個價值觀是指一個有利於產生自由秩序的多元環境，並不是民主國家建立起來的長期和平，而是包含部分民主和非民主國家的多國體系，既不是完全和絕對的和平，也沒有兩次世界大戰和冷戰那種總體性戰爭，而是春秋式或十九世紀以前歐洲那種有限的、週期性的小規模衝突，這樣的系統比完全和平的系統和總體戰的系統，都更有利自由和文明。

Q 民族形成的根本動因是什麼？

就是缺乏模式。形式是最重要的。你有原料卻沒有形式，但別人有形式，那麼別人的形式自然就會把你的原料重新組織起來。這就像是一群童子軍玩得正開心時，來了一個正規軍官，兩下子就把那些童子軍擠到一邊，組織成一支正規軍。

如果你沒有自己的高級菁英，或你自己的高級菁英的構建理論比較弱，那麼別的比較複雜、比較厲害的形式必然要擠進來，把你那些比較弱的形式排擠掉。

民族國家就是一種高級政治共同體的構建形式。它形成一個局部優勢以後，便會迅速地排擠其他形式。這就像溶液裡面已經結了一塊晶體以後，周圍的溶液就會吸附在那塊晶體上，不斷在晶體表面凝結，如同珊瑚礁不斷往外長。

Q 能否解釋一下您這篇推文「國父培訓基本課程表：第一步，幾百人的民族發明家完成國史和國語；第二步，幾萬人的流亡社區完成傳統跨代；第三步，流亡社區完成志願軍；第四步，還鄉團驅逐張獻忠和其他敵對勢力。課程表只要展開到第一步，就可以保證民族本身不會滅亡；展開到第二步，就可以保證民族在政治上不會失敗；第三步成功，就屬於前百分之二十五的優質民族發明；第四步成功，就屬於前百分之二十五的優質國家。」

這其實是一個歷史總結。也就是說，現在地球上這一百九十多個國家當中，有三分之二以上符合我這個路徑。

當然，它像是魯迅和其他作家所謂的典型人物，其特徵不是根據某個具體的人來設計的，而是根據這一類的人，從張三身上摘取些特點，從李四身上摘取些特點，看誰的特點最典型，構成一個典型人物。或是像解剖學的人體骨骼圖，可能跟具體的人不一樣，但它代表了所有人骨骼的最大公約數。

近三百年來，民族國家產生的過程正如我的描繪，其中某些步驟或大部分步驟，你都可以在芬蘭、烏克蘭、波蘭這些民族國家的構建過程中找出來，也能找出每個階段的代表人物。

我的假定是歷史規律普遍適用，所以東亞的情況跟東歐、西亞或其他地方並沒有什麼不同，只是步驟晚了一點，所以它的民族發明也會根據類似步驟展開。如果你要這麼做，那麼就要根據相應的歷史經驗採取相應的步驟，就像是根據其他人的骨骼圖來推斷你自己的骨骼圖一樣。

而且這個步驟正如我所提出的一般經驗。就像工程學家都會有冗餘計算，例如一個鬧鐘或其他機器如果只丟了兩、三個零件，還是能夠運行；只有丟了百分之三十、四十的零件，才會徹底垮臺。所以我給的是一個比較寬的、包含冗餘量的指標。

也就是說，如果你按照我這個工程圖去製造機器，不敢說萬無一失，但至少有七成可靠。即使是某些步驟缺了一點，也不影響大局。我如果按照最低標準來計算，也就是必須完全做到，缺一點都不行，那麼這樣的工程沒有冗餘量，就不是好的工程圖。我給的這個路線圖是一個好的路線圖，因為它包含了冗餘量。

例如，幾百個民族發明家就是一個綽綽有餘的冗餘量。實際上你如果稍微少一點，或某些地方差一點而人才出色一點，還是可以應付的。

具體說吧，給我五到十年，我一個人就能把這件事至少做到主要的部分，用不上幾百人的。但我是在假定我可能什麼也不做，而是給想要做國父的人去做，我假定他們在某方面的能力或決心不如我堅定，假定他們只是社會上處於平均數、智力和能力只有六十分及格水準的人。那麼他們需要多少人呢？需要幾百人，不斷互動的幾百人。有了幾百人，就有把握了。

後面三部分，我倒真沒把握。首先，要第一步做到了，後面的步驟才能漸次展開，這就要看演化系統本身的條件是不是成熟了。所謂條件成熟就是說，如果液體的濃度夠高，你扔下一粒鹽或一粒晶體，它就會以此為核心自動凝結起來；濃度不夠，你扔下這個晶體還是凝結不起來。但你首先要有一個晶體，第一步就是那個晶體。

Q 您之前說過，南海若爆發戰爭，您主張組織志願軍參戰，再反過來打回中國。您是否認為，對於中國這樣一個龐大的帝國，有可能用傳統的革命模式，例如志願軍和還鄉團來實現諸夏的目標？

你要發明民族的話，這是最後一步，不可省略。現在通常被認為是自由民主的國家，例如芬蘭、捷克，它建國的最後一步也經歷了這一過程。在最後的混亂狀態中，例如俄羅斯、奧匈帝國、德意志帝國這樣的大國，在解體的混亂中也要有這樣的志願軍，才能迅速控制局勢。如果沒有志願軍，芬蘭當時可能就被布爾什維克消滅了。

混亂中的情況，跟帝國還存在時的情況絕不相同。畢蘇斯基（Jozef Pilsudski）的那些波蘭民兵，如果真的去跟一戰剛爆發時的那些德國軍隊比拚，基本上是不堪一擊的。但他最後能控制局勢，是因為德意志帝國已經解體；原先訓練有素、戰無不勝的德軍，此時已是烏合之眾了。

布爾什維克最初掌權時，英國人認為兩個師的軍隊就能做掉他們。後來艾森豪也說，在關鍵時刻，兩個軍就能做掉共產黨。但現在的共產黨當然不是兩個軍就能做掉的，史達林時代的蘇聯也不是兩個師就能隨便做掉的。

在政權更迭、大洪水這類的過渡時期、社會處於混亂狀態的時期，就是需要精銳部隊迅速干涉，像外科手術一樣施加打擊，才能達到相應效果。最後主持局勢、給未來打上烙印的，必然是具有相應能力的人。沒有這樣的力量，很可能會前功盡棄。

Q 您說的一族一國的民族構建跟種族主義和納粹有什麼區別？

有沒有區別不重要，重點是它發揮了歷史影響力，而且這個影響力還繼續展開。你說它是不是納粹，那只是表現你的感情傾向而已。如果它是納粹，而且它能對世界造成足夠的衝擊，你贊不贊成根本無關緊要。我考慮的是它有沒有足夠的分量，而它顯然有。至於你喜不喜歡，那是另外一回事。

民族國家是不是會造成排他性的納粹統治，我認為不見得。能搞納粹的許多政權，包括我們親愛的共產黨政權，根本不是按照民族原則構成的；恰好相反，它是按照反對資產階級民族主義的原則和國際主義的原則構成的。

而像波蘭和韓國這樣的單一民族國家，比起超民族的大帝國，它在建立民主體制的過程中遇到的阻力是更小的。這個已知的歷史事實是一種蓋然的事實、經驗的事實，不代表普遍的規律。但在已發生的事和沒發生的事之間，它的可能性和重要性是有明顯差別的。

Q 您使用的「分裂」和「附庸」是中性的，還是負面的？

當然是中性的。為了理性客觀一點，所以能認定是中性的解釋。但如果你要實事求是，稱為「分裂」和「附庸」其實都不太公平。比較正常的表述應該是「獨立」和「融合」。「獨立」和「融合」都具有強烈的褒義色彩。

像玻利瓦爾（Simón Bolívar）這種人[18]、烏拉圭「三十三人運動」這些人（Thirty-Three Orientals）[19]，在他們本國的歷史中都被視為高度正面的角色。對本國的歷史學家來說，搞分裂活動的他們當然是獨立的英雄。他們把拉丁美洲國家透過依附美國而加入西方國際體系的行動看成是非常自然的。如果他們背離整個國際體系，或說是依附於脫離國際體系的強大帝國，對他們來說反倒是一種恥辱。

把獨立和分裂看成是壞事和可恥的事，在西方世界是非常另類的；在當今絕大多數的主流思想中，其實也是很奇怪的。

你只有在進入三〇年代國民黨重構意識形態以來的這個特殊話語網路之中，才會把這些東西當成壞事。即使是韓國人或越南人，都會對這種特殊的汙名化活動感到非常詫異。因為他們不可能不敏感地體會到，如果你這套話語體系站得住腳，那麼韓國和越南的民族英雄全都是分裂分子和敗類了。

然而，你如果到韓國或越南，你會發現他們絕對不會有重返中國、當中國一個行省的打算。韓國你還可以說它是發達的資本主義國家，但越南跟中國一樣都是共產主義國家，而且經濟發展不如中國，它還是會毫無疑問地覺得，一個地方共同體只要發展得夠成熟，能獨立建國就是值得驕傲的事，絕不是恥辱。

---

18 拉丁美洲革命家、軍事家、政治家，領導玻利維亞、哥倫比亞、厄瓜多、秘魯和委內瑞拉取得獨立，並促進民主意識形態在這些國家的發展。

19 十九世紀初期，由西班牙統治的拉丁美洲各地，紛紛出現獨立戰爭。「三十三人」是由拉瓦列哈（Juan Antonio Lavalleja）和奧里貝（Manuel Oribe）領導的反巴西帝國革命團體。他們的行動最終促成了現代烏拉圭的建立。

Q 請問您是否願意把阿姨學改造成宗教來替中國輸入秩序？我覺得對於不想緣化的人來說，這是唯一的出路。

那還不如搞民族發明，製造一個多國體系，引入適當的競爭機制，就可以生效了。知識分子發明的宗教一般都是劣質宗教，例如巴哈伊教（Bahá'iyyat）。它頂多是在某一個宗教內部提出某一種神學思想，或是提出某一種泛文化、泛政治的思想，那就是頂天了。宗教要能無中生有地創造秩序，因此它必須有天啟的成分在裡面，這種事是知識分子做不來的。

Q 我前幾年跑路澳洲，申請了庇護，現在算是有工作，但生活還是比較窘迫，感覺自己被威爾遜世界拋棄。現在整天刷知乎[20]發明民族，宣布退乎好幾次都忍不住回去，自暴自棄。您在海外那麼久，小有成就，能否給些建議？

首先，在澳洲，生理上和物質上的生活是很容易的，不必有什麼成就也能過得很舒適。但在精神上則是另外一回事，要融入社會很難，有很多人終生都融入不了，甚至跨代都不能融入。

這要看你下一步的目的是什麼。如果你是想完全拋棄亞洲，把將來融入澳洲社會或下一代融入澳洲社會作為主要目的，那麼去知乎或其他什麼地方用處就不大。重要的是，你要找到當地的社會凝結核和社會管道，例如教會之類的，透過接觸社區來展開關係。只要關係展開了，工作、金錢其實都不成問題。

在澳洲，你不用怎麼工作，日子都過得下去，但要融入社會的話，重要的不是工作本身，也不是錢，而是社會關係網。為了融入社會關係網，你必須從土豪式的人物開始接觸。如果找不到，那教會應該是一個比較好的切入點。因為它比較寬大，願意接受任何人。其他的土豪或社交網路就不一定了。

如果你在澳洲的目的不是為了將來融入當地社會，或是你雖然打算同時融入本地社會，但你預先選定的事業是把諸夏事業發展起來，那最好的辦法就是你先利用一下那些雜誌，看看別人是怎麼寫文章的，在一個固定的陣地上培養出合格的寫文能力，再設法進一步團結一些同道（最好是當地同道），在澳洲建立一個分支基地。這個基地的最低標準就是，你也搞一個《諸亞與諸夏》雜誌那樣的東西。剛開始肯定是不賺錢的，但這個過程能培養你製造社會紐帶的能力。

最高標準則是，不僅要搞出雜誌，還要搞出團體。在澳洲，這樣的團體是沒有外在限制的，關鍵在於你把人團結起來的社交能力、組織能力，這些都是考驗德性、而且能夠培養德性的東西。

假如你有這樣的本事，能培養或建立起自己的團體，那就比依靠別人的團體給你穿針引線要強得多。這樣一來，你其實就不用去依靠教會或別的什麼團體，而是可以靠著自己的團體，以平起平坐的身分跟別人打交道。但這是一場考驗，不是所有人都能做到。即使做不到，也不用大驚小怪，因為這本來就是只有百分之五甚至百分之一的人能做到的事。做不到不代表你不行，只說明了你處在平均水準或周圍的條件還不太適合。

任何事都要試了才能說。完全定好計畫、一絲不苟地執行，這連蘇聯的國家計委都做不到，實際上不可能。真正能成功的事，都是只有一個大概方向，在做的過程中根據新條件不斷修正。這等於是一個生物適應環境的過程，很可能適應一段時間以後，跟原先的初衷已經非常不一樣了。只有這樣成長起來的事，才是你真正能掌握、也真正對你有益的事。

Q 能否闡述一下突厥語族群跟民族發明的關係？

廣義的突厥語族群，實際上包括內亞的所有族群；狹義的突厥語族群，就只包括帖木兒。

突厥人是內亞入侵者的一部分，但不是全部。後來的滿洲人，嚴格說來只是文化和語言上相關；文字是突厥語的文字，但種族上不一樣。但你如果用比較模糊的說法，以「突厥」來指代內亞的話，那麼你可以說，整個東亞自古以來就是突厥征服者建立的一系列帝國所統治的，因此就產生了相應的大一統意識形態。

但要注意，即使是最正宗的突厥族群，在十九世紀以後也出現了這三種不同的主義：傳統的大一統主義（鄂圖曼主義、鄂圖曼帝國一統天下的主義）、俄羅斯境內像加斯普林斯基（Ismail Gasprinsky）這些新文化運動知識分子所產生出來的泛突厥主義（文化民族主義），以及凱末爾（Kemal Ataturk）這樣的歐洲式分邦建國的小民族主義。

在突厥語世界中，最終勝利的還是凱末爾這樣的小民族主義。相當於大一統主義的鄂圖曼主義，在長期征服東亞的內亞文化中，已經不占主流地位了。而在東亞文化中，本來內亞人為統治東亞提供正當性的這種大一統主義，反倒是最流行的。

具體過程大體上是這樣的：在十九世紀中葉，西方文化進入突厥語世界以前，普遍的觀念若非大一統主義，則是文化民族主義。

簡單講，大一統主義就是指鄂圖曼蘇丹那樣的勢力理應統治天下，這就產生了近代的鄂圖曼主義。文化民族主義則是指，即使我們突厥人的領袖不是統治者，而是必須服侍成吉思汗這樣的統治者，但我們的文化仍然是最高檔的。

例如蒙古人原來沒有文字，他們的文字是誰造的？並不是漢人這些儒家知識分子造的，而是八思巴（Phags-pa）[21]這樣的人用突厥文字造的。滿洲人的文字，也是用內亞維吾爾字母或突厥文字造的。內亞的所有部族，無論在種族上或政治上是歸哪一方，在文化上都屬於突厥語文化，用突厥字母造出來的。

這就說明突厥的文化是最高檔的。有突厥文化的地方，都該是一家。突厥人能不透過軍事征服，而透過教育和文化的方式，把所有種族上、政治上、文化上的突厥人都整合起來。

這種學說的主要代表人物，就是俄羅斯帝國境內的突厥知識分子加斯普林斯基。他們發動的文化運動，跟中國北京一九一〇年代的新文化運動非常相似，但早了幾十年。

這其實有地理上的原因。因為俄羅斯帝國境內的克里米亞韃靼人，或喀山韃靼人、鄂圖曼帝國的土耳其人，都比較接近歐洲，所以比較早接受歐洲先進思想的薰陶，新文化運動來得比較快。於是加斯普林斯基的新文化運動展開以後，不出幾十年，大清還沒有滅亡，約一八九〇年前後，所有突厥語地區都產生了新文化取代舊文化、新教育取代舊教育的變化。

也就是說，過去伊斯蘭經學之類的保守學校漸漸消失了。由新派的西洋化知識分子所推廣的新式教育和新式學校，首先在俄羅斯境內的克里米亞和韃靼推廣，然後在雖然不是土耳其人或韃靼人、但文化上比較相近的中亞各民族中推廣，例如吉爾吉斯人、哈薩克人、維吾爾人。接下來越過了邊境，從俄羅斯帝國進入大清帝國，來到今天的新疆地區，在那裡開辦新式學校。

---

21 藏傳佛教薩迦派（花教）始祖之一，對佛學影響至為深遠。他為元朝創造了八思巴字，成為元朝拼寫蒙古語的官方文字。

如果我們純粹從現在的歷史教科書來看，可能會得出一個很片面的印象：以前本來都是中古式教育，從五四運動以後我們才有了新式教育。但實際上，這是只看東亞的一隅之見。

大清帝國境內最早推行新文化運動和新式教育的，並不是胡適和陳獨秀這些漢人知識分子，而是加斯普林斯基這些突厥知識分子。最早用西式新學校取代中古學校的地方不是北京，甚至也不是上海，而是在塔城和伊犁。是由俄羅斯帝國來的、加斯普林斯基在帝國境內培養出來的新文化運動第一代弟子的再傳弟子進入伊犁和塔城，在新疆地區辦了大清帝國境內第一批新學，然後他們的再傳弟子發明了今天的維吾爾民族。

從嚴格的歷史順序來講，東亞的近代化先是由這一批人搞起來的。他們不僅比胡適和陳獨秀這批人更早，還比梁啟超和汪精衛那批東京留學生更早。首先是有這批突厥知識分子搞近代化和新文化運動，然後才是梁啟超和汪精衛在東京搞民族發明和新文化運動，最後才是胡適和陳獨秀在北京搞新文化運動。

歷史發展的順序是這樣的：新式的文化民族主義和小民族主義首先在俄羅斯境內的克里米亞和喀山誕生，他們是歐洲以外第一批搞現代文化的人。然後他們搞出來的文化傳到鄂圖曼帝國，促成近代鄂圖曼帝國的維新變法，最後催生了凱末爾主義。過了幾十年，傳到了大清帝國，現代的維吾爾民族就誕生了。這個刺激再傳到東京，已經是二十世紀最初十年，出現了梁啟超和汪精衛這種人，然後進一步傳播到中國本土，才產生了新文化運動。這就是歷史發展的基本順序。

民族發明是在歐洲萌發的，第二步是在俄羅斯帝國境內推展，然後從俄羅斯帝國傳播到鄂圖曼帝國，最後才傳播到遠東，包括大清帝國和日本。發展順序都是一致的：由傳統的大一統主義發展到文化民族主義，最後發展到小民族主義。

Q 我身邊的人普遍認同自己是中國人，除了姨粉的小圈子以外，沒有多少人知道諸夏，更談不上認同。在如此缺乏群眾基礎的情況下，發明民族是否閉門造車，浪費時間呢？

波蘭人在一戰時都是跟著德國人和俄國人走，為雙方軍隊服務的。聖彼得堡的波蘭人照樣效忠沙皇。只有極少數流亡英國、法國、美國的波蘭人才抱著復國的想法。像康拉德（Joseph Conrad）這樣非常著名的作家都認為，這就像是把已逝父親復活過來一樣不切實際。你以為住在德屬波蘭或俄屬波蘭的多數波蘭老百姓，除了討生活和做一些有利於升官發財的事之外，還真正考慮過太多東西嗎？沒有的。

現在史書上記載的那些波瀾壯闊的波蘭復國運動，是占人口極少數的流亡菁英設計出來的東西。但一旦因緣巧合，俄國和德國都崩潰了，那麼原先被認為僅是一種方言和文化習俗的東西，就變成非常重要的團結紐帶了。

這就好像是，沒有鬧飢荒時誰也不在乎，超市裡面可以買到任何東西，但鬧飢荒時，你突然認識一個能走私澳洲奶粉的人，那麼這個社交關係的價值就直線上升了。天下大亂時，波蘭人彼此之間擁有的一點點紐帶，就變得非常重要。然後海外的菁英在巴黎和會上遊說一下法國總理和美國總統，效果馬上就出來了。

第三章　「中國」、「中華民族」、「漢族」

Q 我們該怎麼定義「中國」這個概念？

「中國」很明顯是二十世紀才有的概念。二十世紀以前，就算提到「中國」，那也是指京畿或中原，是一個沒有明確邊界的地理概念。

「中國」就是指全國最中心的那一座城，一般來說是指洛陽。在地理上，洛陽就是東亞的中心。有城牆的城就叫「國」，最中間那個有城牆的城於是叫「中國」。或者後來定義再廣泛一點，就是指中間那個地方，即河南周圍那一片沒有明確邊界之處。

但一般來說，「中國」往南的邊界是不到淮河的，尤其不到長江。三國時代大家都說，你們中國人如何如何，或說你們江表人如何如何。「江表」和「中國」是兩個對立的詞。如果「江表」就是長江之外，那顯然是洛陽中心主義。我在洛陽一看，長江是它的邊界，長江之外就叫「江表」；長江之內呢，就叫「中國」。

Q 孫中山成立同盟會時提出「驅除韃虜，恢復中華」。「中國」這個概念，跟清末革命、現代國家的形成有一些交互關係，密不可分。您怎麼看這個問題？

這其實是一個世界性的問題，不只存在於亞洲。十九世紀中葉以來，由法國大革命開創出來的民族國家觀念向世界各地傳播，東歐、西亞、東亞都受到波及，不只是孫中山和梁啟超的事而已。波蘭、匈牙利的知識分子也是根據法國大革命和法蘭西共和國的原則，想把原來的各個族群建立為一個新的共同體，而這個共同體應該跟西歐的共同體有相似之處。日本其實在近代也有國家建構問題，鄂圖曼土耳其、俄羅斯帝國也是。實際上，共同體構建問題，或稱做國民構建問題，就是現代世界最重大的問題。

在近代以前的世界，統治原則是不需要考慮國民問題的，只需要在統治者和被統治者之間達成私人關係就行了。我只要忠於皇帝或國王就行了，至於皇帝和國王是誰、跟我是不是同一族，無所謂，只要他實際上行使統治權，而我實際上對他個人效忠就可以了，也就是沒有整體性的國民概念。

而法國大革命產生了民族民主國家的概念，統治權要從有血有肉的國王手裡，轉到抽象的國民手裡。國王是一個具體的人，無論是路易十四還是路易十六，當我們說國王統治，就是指這個名叫路易的人來統治；但如果你說法蘭西共和國是一個民主國家，由法蘭西國民統治，那你首先要搞清楚法蘭西國民是什麼。例如洛林人是不是法蘭西國民？如果洛林人是法蘭西國民，那阿爾薩斯人是不是？阿爾薩斯人如果是，比利時人是不是？如果比利時人不是，那我們就要搞清楚，巴黎人和布魯塞爾人到底有什麼區別，為什麼巴黎人是法蘭西國民，而布魯塞爾人就不是。

所以要建立國民共同體，首先要劃清邊界：誰是國民共同體的一員，而誰不是。這就是認同政治。現在所有的民族國家都是建立在認同政治的基礎上。你是不是這個國民共同體的成員？如果你是，你就有統治權；如果你不是，你就沒有。國王就沒有這個問題。你是不是國王一目了然，不存在認同和邊界的問題。

如果大清皇帝仍統治東亞，這個問題就是不必要的。光緒皇帝在臺上，你就是光緒皇帝的臣民；宣統皇帝在臺上，你就是宣統皇帝的臣民。但你如果認為大清帝國應該結束，東亞的居民應該像秋瑾說的那樣，享有與歐洲人同樣的權利，那麼你就要搞清楚，這個新共同體的邊界在哪，誰又是這個新共同體的成員。

例如孫中山、宋教仁、汪精衛、章太炎這些人就認為，滿洲人、蒙古人不是這個共同體的成員，我們要革命，「驅除韃虜，恢復中華」，這什麼意思呢？就是要劃定一個新的共同體邊界，成立新的共同體，但不能包括滿洲皇室和八旗，因為他們是我們這個共同體的征服者和敵人。劃分了自我和他者，新的共同體就建立了。

這一點也不奇怪，歐洲人也是這樣的。例如波蘭人要發明自己的共同體，首先就要區分俄羅斯這個概念。儘管波蘭人和俄羅斯人都是斯拉夫人，但俄羅斯是波蘭的征服者，波蘭的民族主義和國家建構，建立在抗擊俄羅斯的基礎上。愛爾蘭人則是要劃清與英國人的不同，透過反對英國人、利用天主教這個符號，把愛爾蘭共同體建立起來。

孫中山、宋教仁、汪精衛這些人，也想利用大清征服大明這件事來建立一個新的共同體，而他們設想的這個共同體，並不包括長城以外的各個族群。

所以，在東京留學生當中，是不是自稱「中國人」或「支那人」，就是一個政治問題。因為大清的國號畢竟是「大清」，而日本人一般稱呼留學生為「清國留學生」。這很正常，因為大清就是清國，那麼從清國來的留學生，當然就是清國留學生。如果你是一個忠於大清的人，或是完全不關心政治的人，你就會在填寫身分時，機械性地接受這個稱呼，說自己是清國留學生。

但如果你是反清的人呢，你就會說「我是支那人」或「我是中國人」。例如章太炎和那些留學生，在東京舉行支那亡國多少年的紀念會，就把大清入關當成支那亡國。他說「我是支那人」，意思就是「我不是清國人」、「我是你們清國的敵人」。

自稱「中國人」、「中華」、「炎黃子孫」，都是同樣意思。但照當時用詞的含義，這些稱呼跟歷史上假定存在過的黃帝、炎帝其實沒什麼關係，主要是表明我想要建立的這個共同體，跟你大清這個共同體是有區別的。其實辛亥革命就是本著這種精神製造起來的。

但後來的發展就跟波蘭、匈牙利和愛爾蘭不一樣。波蘭、匈牙利和愛爾蘭經過一系列糾紛，放棄一部分爭議土地以後，逐步建立了單一民族國家。而辛亥革命以後，問題始終沒有解決，例如九一八事變之類的問題就是這樣製造出來的。

歸根結柢，還是因為孫中山和國民黨離開了辛亥年間的政策。他們在辛亥年間認為滿洲不是中國，而是中國的敵人；然後在北伐以後又主張，中華民國應該繼承清朝的所有土地。因此，滿洲到底是不是中國這個問題，就引起了嚴重的衝突，最後導致了戰爭。我們宏觀地從全世界角度來看，這種戰爭其實稀鬆平常。

像波蘭要建立民族國家，它也要考慮一下立陶宛到底是不是波蘭的一部分。按照歷史原則，波蘭立陶宛王國一直是一個王國，那麼立陶宛應該是波蘭的一部分；但按照民族原則，波蘭可以建立民族國家，立陶宛當然也可以。匈牙利人對羅馬尼亞人、西班牙人對加泰羅尼亞人，也都有諸如此類的問題。

這都是因為，民族國家或國民共同體的建立，最核心的因素就是認同，而認同是主觀的，沒有客觀標準。所以，一個立陶宛人能認定自己是波蘭人，也能認定自己是立陶宛人。一個都柏林人能認定自己是大英帝國的臣民，也能認定自己是新興的、還沒有國家的愛爾蘭民族。

哪一種說法才正確？完全看他如何認知。都柏林人如果堅持我是天主教徒、我是愛爾蘭人，跟你們信仰新教的英國人不同，那客觀上講，他就是支持愛爾蘭民族、建立愛爾蘭共和國、脫離大英帝國；如果他堅持他是大英帝國的臣民，那就完全不一樣了。

所以民族國家的核心就是認同，而認同又是主觀的，因此衝突難以避免。在認同的邊界穩定之前，爭求認同的鬥爭基本上是連綿不絕的。例如十九世紀晚期，如果你讓斯洛伐克人接受匈牙利語的教育，他就比較有可能自稱匈牙利人；如果讓他接受斯拉夫的教育，他就比較有可能支持捷克和斯洛伐克聯盟、搞泛斯拉夫主義。這兩種前景是水火不容的。斯洛伐克未來的命運取決於斯洛伐克人的自身認同，以及斯洛伐克教育機構對斯洛伐克人民認同的教育。

臺灣現在面臨的就是這個問題。臺灣到底需要怎樣的認同？是要接受梁啟超那個繼承大清帝國的中華民族認同呢，還是要發展一種純粹臺灣的民族認同？這個問題將直接決定臺灣的前途。

立陶宛會變成波蘭的一部分、俄羅斯的一部分，還是變成一個獨立國家，歸根結柢是十九世紀以後的那段時間，立陶宛當地居民如何培養認同的問題，而這個問題沒有答案。直截了當地說，我認為我是立陶宛人，我就是立陶宛人；我認為我是俄羅斯人，我就是俄羅斯人；我認為我是波蘭人，我就是波蘭人。

所以我說，認同就跟信仰和愛情一樣，都是越過懸崖的一跳。你不可能證明，為什麼我要做基督徒或做穆斯林，我只能說我認同基督教或伊斯蘭教。我也沒有辦法說，憑什麼你是中國人還是臺灣人，我認同中國，我就是中國人，我認同臺灣，就是臺灣人，答案只能是這樣。爭奪認同的鬥爭，終究無法避免。

Q 臺灣有愈來愈多人不認同自己是中國人，您如何看待這種現象？

這個問題有兩個面向。第一個是局部和具體的因素：北京的共產黨政府既然認為只有我才代表中國，那麼不認同共產黨的人就傾向於認為，我最好也不要認同中國，以免跟它混淆在一起。

但從更長遠、廣泛的角度來看，這根本上涉及了一個近代民族國家建構過程中，怎樣的共同體比較容易建立的問題。直截了當說，小型共同體容易建立認同，而繼承了帝國規模的共同體，不容易建立認同。因為認同是需要經過一系列操作來強化的。

如果你我都是一個小共同體的成員，我們經常在同一個共同體內辦理共同事務，那麼我們之間的認同就容易鞏固。尤其在這個小共同體建立了民主以後，我們更容易透過投票和民主參與的角度來看，因為我們都對同一個共同體的事務施加影響，而這個共同體的好壞對我們的命運有直接影響。

例如，陳水扁當總統還是馬英九當總統，對臺北人和臺南人之間的未來有一定影響，但對福建人和遼寧大連人的影響基本上就沒有。那麼你就可以想像，臺北人和臺南人在一次又一次投票選總統以後，就比較容易產生一種認識：我們臺北人和臺南人雖然有很多不同，但都是同一個共同體的成員；而我們跟大連人、東京人、夏威夷人都不一樣，跟他們沒有共同命運。也就是說，認同可以透過命運方舟或共同體的方式加以強化。沒有這樣的關係，認同就不容易鞏固，就容易流於形式。

而帝國性的認同，像中國或鄂圖曼帝國那樣，繼承了帝國的規模以後，就出現兩個問題。第一是規模、跨度太大。共同體愈大，集體行動的難度就愈高，成員之間就特別難感受到彼此有共同利益。這是所有大國都有的困境。荷蘭的阿姆斯特丹人和萊頓人之間，比較容易感覺到彼此的親緣關係，但莫斯科人和喀山人之間就不太容易感受到。

另一個問題則是，帝國的族群差異太大，而且政體多半不民主，依靠一個淩駕於各族群之上的政治菁英集團來統治。因此，大多數帝國統治下的居民，感受不到政治參與跟他們的利益有什麼關係。而沒有政治參與，即使是紙上的認同，也容易流於虛化。

所以，在近代民族國家建立的過程中，像鄂圖曼主義、大俄羅斯主義和大德意志主義這樣的意識形態，不容易站得住腳，很容易潰敗，這些帝國最後也都解體了；而小規模的認同，像波蘭認同、希臘認同、愛沙尼亞認同這樣的小規模共同體認同，一旦建立起來就相當堅固，而衝突會讓認同更為堅固。

於是我們可以發現，從一八四八年到現在，世界歷史基本上是大帝國傾向解體，而小的新興民族國家不斷產生，而東亞在這方面發展得最晚。東歐幾個大帝國其實在一八四八年以後，一直到二十世紀中葉已完全解體，把歐洲中部和東部變成一個小國林立的世界。鄂圖曼帝國滅亡以後，中東也經歷了同樣的過程。

其實呢，跟大清帝國壽命相同、同時存在的各大帝國，全都滅亡了，只有大清帝國目前還留著一個繼承國。現在的土耳其繼承鄂圖曼帝國的程度很低，現在的中歐各國繼承神聖羅馬帝國的程度也很低，但現在的中國繼承大清帝國的程度卻很高。

你也可以說，其實特殊的不是世界，而是東亞。東亞現在的格局，很像是近代化沒有完成、民族國家建構又沒有走完的一個中間狀態。世上大多數的地方歷經長期的痛苦和血腥，已經走完了這條路，大體上進入了民族國家的世界；而東亞呢，在大清解體以後，重建國民共同體的工作至今還沒走完，前途未定。「我是哪一個共同體成員，我應該建立怎樣的共同體」，這個問題仍然懸而未決，不比梁啟超那個時代容易解決。

Q 中國未來的出路在哪裡？

中國未來有沒有出路，關鍵在於中國這個建構本身的問題。因為我們所說的那個中國，和孔子時代的華夏，兩者之間的關係多半出於想像，而非真實。

我們都知道，海珊（Saddam Hussein）曾自稱古老巴比倫文明的繼承者。伊朗以前的巴列維國王（Mohammad Reza Pahlavi）也曾說過，他是波斯帝國的繼承者。但這樣的說法僅是利用歷史材料來給自己增加威望。其實，巴列維國王的政權跟古代居魯士（Kūruš）的波斯帝國沒有多少關係，海珊政權跟古代巴比倫人也沒有多少關係。

近代以來，也就是清朝末年以來，由梁啟超、孫中山這一些人建構起來的中國和中華民族，跟孔子時代的華夏和諸夏一樣，都是想像多於現實。我們自稱華夏子孫和孔子的繼承人，可以增加一點威望和古老的自豪感；但實際上，我們也要認清現實，現在這個中國的來源不是孔子，也不是秦始皇。

孔子時代的諸侯結構和秦始皇時代的帝國結構，並不是現在這個中國的產生者。現在的這個中國，是西方國際體系輸入以後，強迫大清留下來的各族群、各種居民按照西方民族國家觀念重新組合的產物。我們要注意，這個重新組合是按照西方的原理，而不是按照孔子或秦始皇的原理。兩者不能直接劃上等號。

但這個組合有一個非常嚴重甚至致命的問題：西方現在的民族國家結構，是帝國解體的產物。我們都很熟悉，中世紀的歐洲是在神聖羅馬帝國統治之下，但神聖羅馬帝國名義上是整個基督教世界的最高領袖，實際上它從來不排斥皇帝之下的各層次政權，各個國王和公爵都享有一些不完整的次級主權。

鄂圖曼帝國、蒙兀兒帝國、大清帝國也是如此。大清帝國本來是天下的共主，底下有各種藩王、土司享有局部主權。所以主權是模糊的，邊界並不明確。

按照此邏輯，這些非歐洲的地方要按照歐洲模式重新進入國際體系，就不可避免要重劃邊界、重建新的共同體。結果就是，土耳其這個區域變成了土耳其、伊拉克、敘利亞、希臘等幾十個國家，每個國家變成相當於法蘭西和德意志這樣的民族國家。歐洲在神聖羅馬帝國解體以後，也出現了幾十個民族國家。

我們都知道，現代歐洲的主要問題是德國和兩次世界大戰，但德國為什麼是世界大戰的策源地呢？因為德國是神聖羅馬帝國的直接繼承人，而神聖羅馬帝國瓦解以後，德國找不到自己的位置。

法國和英國可以直截了當地說自己是民族國家，因為它們沒有帝國的負擔。而德國卻搞不清楚，到底應該像神聖羅馬帝國的繼承人一樣，理直氣壯地申索它對全歐洲的最高統治權，還是應該把自己降格，變成跟英國和法國一模一樣的民族國家？走前一條路，必然引起德國和全歐洲的戰爭；走後一條路，德國又損失最大。

因為英法本來就不是帝國，而德國是帝國。德國放棄帝國，不僅放棄了皇帝的虛榮，而且要放棄荷蘭、瑞士、洛林這些邊緣地區的土地，理論上和實際上都損失慘重。

中國在東亞的位置，就跟德國在歐洲的位置一模一樣。中國是大清的繼承人，如果它要堅持大清的繼承權，那麼理論上它對朝鮮、越南這些小國應該享有統治權，光是這一點就使它無法進入歐洲國際體系。

如果中國放棄大清遺留的傳統特權，改做一個民族國家，那它不可避免要面臨這個問題：既然你也是一個普普通通的民族國家，那你就沒有理由把邊緣地區、跟自己不同族、缺乏共同認同感的地方，留在自己的版圖之內。如果留在自己版圖之內，那你仍然像是一個帝國，而不像是一個民族國家。如果要建立民族國家，你要承受土地和聲望的重大損失，而中國不見得願意承受。

直截了當地說，如果中國要建立民族國家，那麼很多缺乏認同感的前藩屬地帶，就可以像是對待韓國一樣，讓它們獨立，並與它們建立平等的民族國家新型關係。

真是這樣的話，那麼臺灣問題就不存在了。臺灣問題的存在，就是因為現在的中國仍然不肯放棄。想堅持自己的要求，但又沒有充分的實力來堅持，結果就是製造一系列對自己不利的破壞性局面。

所以我可以預見，十九世紀末期以來歐洲的德國問題，即將改頭換面，在東亞以中國問題的形式上演。關鍵在於，中國不轉型、不確定自己的發展方向，它就不知道自己在未來的世界體系中應該有怎樣的位置。它自己轉型困難，不可避免也影響了整個周邊，尤其是那些曾與它有宗藩關係的地區。這樣一來，中國的整個邊界都無法穩定，而東亞和整個國際體系也都無法穩定了。

Q 中國能否實現民主憲政？

我的思維是理科生的思維，因為我一開始就是理科生，所以文科生那種以描述為主的方法，在我看來是有點理不清。按照理科生的思維方式，任何問題都有答案。如果某種東西可行，就會有可行的方案；如果不可行，至少能證明不可行。如果一個體系總是解決不了問題，既不能證明可行，又不能證明不可行，那麼框架就有問題。

例如，你不應該把地球看成宇宙中心；你如果改成把太陽當作宇宙中心，那麼過去托勒密（Claudius Ptolemy）體系解決不了的問題就能解決了。如果把燃素這個概念去掉，過去燃素解決不了的問題就能解決了。

我們都學過，也在各種社會環境裡了解到，中國近代史是一個充滿怨憤的體系。無論你支持哪一派，都充滿怨憤：為什麼日本能，我們中國不能？因為我們做錯了這個或那個，或者是帝國主義的錯、蘇聯的錯，總之基本情緒是一個失敗者的情緒，反覆相互責備。

有些概念有道理，例如中國實現不了民主是因為沒有明治維新，或是因為沒有韓國那種基督教會。局部來看，這些概念提出的答案是正確的，但還是不能解釋全域。其實，我們如果把這個概念推回到原點，討論民主憲政是什麼、民主憲政的起源、英國和歐洲的情況，再回頭對照一下你就會發現一個根本性的不同。這就是史華慈（Benjamin I. Schwartz）在寫梁啟超時提到的一點：梁啟超把中國跟英法相比，本身就錯了。

中國的分量跟整個基督教歐洲是相等的，要比也只能跟整個歐洲比，沒辦法跟英法這樣的地方性國家比。你如果要問英國和法國是怎樣實現民主的，韓國和日本是怎樣實現民主的，那麼跟它相對的問題就不是中國怎樣實現民主，而是臺灣怎樣實現民主，上海怎樣實現民主，或廣東怎樣實現民主。那麼廣東既然是中國的一部分，它怎麼能實現民主呢？這個答案相當於是，英國既然是羅馬帝國的一部分，那麼它怎樣實現民主呢？

答案是它先脫離了羅馬，再實現民主憲政。別的小國則是脫離了神聖羅馬帝國以後，才實現民主憲政。

這個基本盤其實非常簡單，只要稍微了解一下歐洲和東方歷史的基本脈絡就看得清楚，只是大家沒有用哥倫布打破雞蛋的勇氣去打破框架，看看自己提出的問題是不是有問題。如果得不到答案，那可能不是因為你的材料不夠多，而是因為你提問題的方式首先就不對。

如果你是理科生，用理科生習慣的方法，這個推論其實是會迅速展開的。如果某個問題始終得不到答案，那你要退回去，更換提出問題的方法，答案就會出來了；如果沒有正面的答案，就會有反面的答案。你用這種方法去推論，那麼答案是很清楚的，缺的只是材料。

其實正經文科生原有的材料比業餘的我多，我是後來才漸漸發現這些材料的。首先是發現歐洲的材料，然後發現中東鄂圖曼土耳其帝國、東歐俄羅斯帝國的類似材料。

最後我得出結論，根據我所了解的世界史發展脈絡，無論是歐洲本部，還是東歐、中東、東亞，基本脈絡都是一致的：所謂的民主憲政，是民族國家產生過程中形成的一種統治模式，對民族國家產生前的多民族、多文化大帝國是不適用的，不僅對大清帝國這樣的國家、中國（繼承了大清版圖）不適用，對中東的鄂圖曼帝國不適用，對歐洲的神聖羅馬帝國也不適用。

歐洲民主的成功是在神聖羅馬帝國解體以後的事。中東的情況，則是在凱末爾解散了鄂圖曼帝國以後。日本為什麼行？因為日本是亞洲的英格蘭，退出了帝國體系。韓國為什麼行？韓國本來也在明清的帝國體系裡，它也是在退出帝國體系以後才成功。

從法律上講，屬於中華民國版圖的臺灣，以及屬於中華人民共和國版圖的香港，人民由消極參與轉為積極參與，公民社會在形成的過程中走向民主，立刻就產生了分離主義的副產品。

你看看歐洲的歷史，也是這樣的。人民可能是消極的，像中世紀以前那樣不參與政治；若參與了政治，那就是走向民主，同時伴隨民族的形成。民主和民族是同步形成的，直接導致了原先跨民族、跨文化大帝國的解體，接著才會有民族民主國家的產生。

民族和民主是同一個過程的兩個側面，不能分割。你問中國為什麼不能實現民主憲政，等於是問為什麼你不能首先支持希特勒統一歐洲，然後支持納粹黨內的健康力量給猶太人平反，還指望在納粹黨內健康力量的領導之下實現全歐洲的自由民主，這是不可能的。

你首先應該要打敗希特勒，使歐洲各民族建立了自己的獨立國家，然後這些獨立國家實現了民主，各民主國家再團結起來建立一個歐盟。基本的歷史邏輯就是這樣。

Q 很多自由派知識分子對中國未來要實現民主憲政是達成共識的，但在獨立和統一、分離和集權的問題上還存在很多分歧，很多人甚至認為這種獨立分離意識不利於中國的民主憲政。在中國未來的民主化進程中，您的觀點、史觀和政治思想對推進中國的民主化有什麼作用？

我認為，思想是改變不了歷史的。思想改變歷史只是事後追認。如果某種思想看上去改變了歷史，實際上是由於歷史自動發展到這個方向，使這種思想得以粉墨登場。這就好比思想是一套衣服，有人穿西服打領帶，並不是因為西服和領帶怎麼樣，而是因為要出席正式場合，他感到有必要這麼穿；如果他要去運動場，就不會穿西服打領帶，而會穿上運動鞋、輕便服裝。歷史發展的邏輯也是這樣的。

大一統的自由民主思想和諸夏的自由民主思想誰會贏，不是取決於思想者的觀點好或不好，而是要看歷史發展本身，走哪一種路線的成本比較低。我之所以斷定諸夏會贏，是根據歷史的經驗。

俄羅斯帝國和鄂圖曼帝國是多民族、多文化的複雜國家，跟大清帝國和中國比較像，這些國家在近代化的過程中，他們（特別是知識分子）普遍嚮往西方的自由民主，覺得民主憲政實在是個好東西，應該學起來；但在學的過程中就出現麻煩了，以大俄羅斯帝國和大鄂圖曼帝國為基礎，推行國會政治和自由民主的措施一再受挫。

俄羅斯的立憲民主黨是主流的自由民主派，堅決反對烏克蘭獨立，認為烏克蘭民族主義有強烈的法西斯嫌疑，對整個俄羅斯帝國的自由民主非常不利。這跟退出六四維園集會事件中，大中華的自由民主派對港獨的態度是一樣的。

他們認為，只要俄羅斯開了國會，實現了自由民主，那你們烏克蘭還愁沒有自由民主嗎？全俄羅斯都自由了，烏克蘭怎麼可能不自由？你們烏克蘭要獨立出去，還要排擠大俄羅斯人，這樣很自私。烏克蘭人和俄羅斯人有什麼根本上的不同？大家都是人，大家都想要自由民主。

用偏狹的民族主義去反對自由民主，會引起俄羅斯國內大俄羅斯主義的反擊。一講烏克蘭民族主義、排除大俄羅斯，當大俄羅斯主義狂熱分子一反擊，自由民主的希望就更渺茫了。

照這個邏輯，只要把俄羅斯改成中國，就可以完全適用於退出六四維園集會事件當中自由民主派和港獨派之間的分歧。而且他們說的話也完全是對的：香港一獨立，那麼國內的狂熱民族主義勢力肯定要反擊；當國內的狂熱民族主義情緒上升，對自由民主的事業是不利的；對中國的自由民主事業不利，其實對香港來說也是不利的。

儘管好像對大家都不利，但這種情況還是會發生——俄羅斯國內的極端民族主義上升，烏克蘭和芬蘭的民族獨立勢力上升。結果，主張俄羅斯統一的自由民主派兩頭落空（像是立憲民主黨），布爾什維克趁虛而入，造成芬蘭、波蘭這些脫離俄羅斯獨立建國的國家，搶先實現了自由民主，而留在大俄羅斯內部的烏克蘭和白俄羅斯又被卷回去，再次失去了自由民主。

當俄羅斯帝國再次解體時（這次是蘇聯解體），同樣的問題又產生了。烏克蘭要問，難道我們沒有看到，上次芬蘭和波蘭就是因為獨立了，才建立起自由民主，變成歐洲的一部分；而我們呢，就是因為指望大俄羅斯一起民主，才落到現在這個下場。波蘭和芬蘭耽誤了幾十年，但這次我們不能再拖了，不搞什麼大俄羅斯主義了，我們烏克蘭人也要走波蘭和芬蘭的路線，加入歐盟。於是就產生了烏克蘭內戰、克里米亞危機和東烏克蘭的頓內茨克人民共和國（Donetsk People's Republic）。

這造成的結果就是，你如果把時間放長就可以發現，「普遍實行自由民主」這種觀念不是不好，它是最理想的，但實際上的障礙太多。你看看俄羅斯的立憲民主黨，它要怎麼解決大俄羅斯問題和中亞的穆斯林問題？芬蘭想要建立歐洲式的自由民主與公民社會，易如反掌，因為它已經具備相關條件了；但塔吉克和烏茲別克要建立自由民主或公民社會，條件完全不具備啊，那需要多長時間才能具備？不知道；反正二十年之內沒希望，也許五十年，也許一百年。

再回到我剛才的問題。我如果想要當博士，難道非要等到鄰居家的孩子再過二十年考上大學嗎？這樣耽誤，對我不公平。這個邏輯是非常有利的，立憲民主黨反駁不了這樣的邏輯。事實上，已獨立的國家真的都是走了好運，沒有獨立的國家都被俄羅斯捆綁，走了壞運，結果實際的發展是有利於獨派的。統派無論說得多麼起勁，理論搞得多麼高明，人格多麼高尚，最後都不管用。任何人都鬥不過現實政治的發展。

中國的情況就很像俄羅斯帝國和鄂圖曼帝國。這兩個帝國都是半歐洲、半亞洲的，屬於歐洲的那一半如果脫離了帝國，很容易就加入歐洲，但落後的亞洲那一半就不行。中國是諸夏和諸亞各占一半，也就是東亞占一半、內亞占一半，這兩部分要統一起來非常不容易。

沿海地帶，像香港這樣一個脫離了中國的地方，很容易加入發達國家之列，但河南這樣的內地就很難；至於內亞，像是蒙古、穆斯林、西藏就更難了。這等於是三個人的步調都不一樣。

合理的做法是不該讓他們上同一個班，應該有人上快班，有人上慢班。資優生十六歲就考上大學，二十五歲就當了博士；劣等生實在考不上，又要他留在同一個班，對雙方都是干擾，還不如讓他上慢班。他實在考不上大學，那就讓他上中專、上技校也就得了。讓各人走各人的路。

這種做法很不美好、很不博愛，思想高尚的人看了以後覺得很不公平，憑什麼你就應該當博士，別人連大學都上不了；但實際上，在現實社會真正行得通的就是這種辦法，就是要有人能一路考到博士，有些人連大學都考不上。最後勝出的人，用的就是這種不高尚、不美好的方式。

Q 現在有人認為「中國」是中華人民共和國，有人則認為是中華民國。「中國」一詞在古代指的是什麼，在近代指的又是什麼？您認為「中國」這

個概念在歷史上的嚴格定義到底是什麼？

大凡有統戰價值的詞都是模糊的。正因為它有模糊的幾個含義，所以才能用來統戰。定義太清楚的話，就不好統戰了。

在歷史上，「中國」這個詞有三個階段。

第一個階段大體上是先秦時代，意思是指首都與首都周圍的地方。「中國」這個詞最早出現在周武王伐紂以後說的一句話，叫做「宅茲中國」（我已經占據中國）。這個「中國」指的是位於天下之中的洛陽城。

我們先看「國」的造字法：周圍一圈城牆，中間有一個拿著戈的武士，所以意思是設防城堡，相當於封建歐洲的那種設防城堡。一個有城牆、有武士守衛的地方，就叫一個「國」。

周人封建諸侯，分國人和野人，國人就是住在城牆裡的人。周公封某人為諸侯，他帶著殖民團去東方建立一個城牆，牆內的人就叫國人，也就是周人派到東方去的軍事殖民團體。城牆以外呢，就像美國的印第安人一樣，是土著和原住民，就叫野人。國人和野人的區別，就從那一圈城牆而來。

「國」這個設防城堡以內的人，是封建體系的一部分。「國」是城堡，「中國」就是位於天下之中的城堡，具體來說就是洛陽城，頂多再把洛陽周圍那一圈也包括進去，這就是「中國」。除了「中國」以外，其他地方的設防城堡也叫「國」。其他各諸侯或任何人建立一個城堡，就叫「建國」。這是「中國」的第一個定義，是最嚴格、最狹義的定義。

到了先秦以後，特別是漢魏以後，「中國」增加了第二個含義。這個含義跟所謂的「中原」差不多，就是以現在的河南為中心，主要指華北這一片土地。長江以外的南方，或關外的北方和西方，都不算「中國」。

例如在三國時代，「中國」是跟「江表」對立的一個概念。吳人來聘就叫「去中國」。魏人說吳人如何如何，就說「中國有什麼人才，吳人有什麼人才」。這裡的「中國」是以洛陽、許昌為中心的北方這一塊。「江表」則是長江以外，那裡就不算「中國」。

這種說法一直維持到南北朝，像陳慶之或其他南朝人士到洛陽或北方去，他們會說，「中國人物之盛如何如何，我們自永嘉之亂以來，一直以為只有江表才有文化，現在看來中國也有文化。」這就是「中國」的第二個定義，指的是中原地帶。

這兩個定義，在中古以後一直混用，到了近代也沒有消失。

至於近代的第三個「中國」定義，是隨著清朝和西方的外交展開的。在清朝和西方的外交文書當中，不論是漢文還是滿文，寫的都是大清皇帝如何如何，大清皇帝跟英國國王如何如何，跟俄羅斯皇帝如何如何，裡面沒有「中國」這個詞。但為了翻譯，英文譯本中就有了「Chinese」或「China」這些詞，於是出現了不同於「大清」的新譯法，也就是「中國」。

嚴格來說，「中國」在這種意義上只是大清的通俗稱呼。因為大清「Daicing」帶有部族主義，只是一個內亞的稱呼，但西方跟大清簽署條約時，有些是邊界條約，必須包括整個大清邊界，例如大清跟英國簽訂一個緬甸邊界條約，那它就不能只涉及滿洲或蒙古問題，它還要涉及南方十八省的問題。雖然南方十八省只是大清的殖民地，但在英文譯本上就要出現「China」這個詞，因為簽署的畢竟不是一個滿洲邊界協定。

結果由於外交上的需要，「China」漸漸和「大清」這個正式名詞融合在一起，變成大清的一個非正式稱呼。儘管清國在五大臣留洋時還是把「Daicing」這個名詞寫在正式的公文書上，但一般的新聞報紙用「China」來指涉大清，也是可以接受的。

所以到了晚清，你就可以開始看到，像榮祿或翁同龢這樣的重臣，在涉外問題上就經常用「中國」來指涉大清。例如他們會說，「如果朝政在某某奸臣的主持下就這麼辦下去，我們中國簡直是要亡給西洋人了。」這時他們說的「中國」就等於大清。

但與此同時，出於政治原因，例如為了抵制康有為、梁啟超那種觀點，他們又要強調，在政治上「大清」跟「中國」是不一樣的。如果康有為保中國而不保大清，就跟造反沒有區別，我們可不能上當受騙，所以要強調大清就是大清，談論「中國」就是對大清不忠。

這兩種態度是同時存在、交錯縱橫的，很像現在的臺灣。有時「臺灣」就指中華民國，有時又不是。例如藍綠鬥爭時，綠營中的極端派就會說，我們臺灣跟中華民國不一樣；但執政的綠營即使是在涉外場合，也經常會說臺灣就是中華民國，中華民國就是臺灣。清末的情況便是如此。

同一個人，例如榮祿，他對「中國」這個概念就有兩種看法：一方面，他在日記中寫道，「哎呀，如果讓奸臣橫行，我們中國怕是要亡」，這裡的「中國」毫無疑問就是大清，而非當時還不存在的中華民國或中華民族。另一方面，他在維護慈禧太后，跟康有為、梁啟超這些維新黨人鬥爭時，他又要強調「保中國不保大清」是亂臣賊子的混話，真正的大清絕不會接受這種說法；我們只有「大清」，沒有「中國」。

這兩種看上去矛盾的話，由同一個人說出來是什麼意思？就是統戰的意思。當他要統戰、要盡可能表示「我們大清不僅代表滿洲，還代表全中國」時，他就說「大清」和「中國」是同一回事；當他不統戰、要堅持維護滿洲貴族特權時，他就說「大清」和「中國」不是一回事，「中國」是你們反賊企圖顛覆大清的陰謀。大家動動腦就知道，這跟現在的統戰形勢也是非常相似的。正是此時，「中國」就像現在的「中華民族」、「中華民國」這些詞一樣，變成了具有微妙意義的統戰詞彙。

從大清這一邊來看，比較頑固的宗室大臣會堅持只有「大清」，沒有「中國」；而那些負責跟西方交涉的開明人士（包括榮祿這樣的現實主義者），則是混用「大清」和「中國」，需要「大清」就用「大清」，需要「中國」就用「中國」。

而在反賊這一邊，極端派如汪精衛或孫中山這種人，他就會堅持，姑且不論大清絕對是敵人、征服者，就連「中國」這個詞，統戰意味太強，我們也不能接受，我們就要用「支那」或「華夏」。章太炎就說過，支那在明末就亡國了，「滿洲」或「中國」都是敵人的代名詞。

但比較溫和的人，像是梁啟超就主張，徹底革命的損失太大，把滿蒙的領土重新獨立出來建國，在外交上也不好安排，那不如直接把「大清帝國」改為「中華帝國」，把

「大清臣民」改為「中華民族」，這樣一來，無論滿人還是南人都滿意，滿人、回人、蘇人、浙人、蜀人從此以後都是中華民族一家，這樣不是很好嗎？但這種妥協做法，卻不能讓孫中山滿意。

結果，在大清這一邊出現了「中國」和「大清」既是同一回事、又不是同一回事的情況，在反賊這一邊則出現了「中國」跟「支那」或「華夏」既是同一回事、又不是同一回事的情況。

梁啟超想把「中國」、「支那」和「華夏」算成同一概念，但汪精衛或章太炎就不接受。大清這一邊，榮祿這些開明派、現實主義者希望把「大清」和「中國」算成同一概念，而端王爺這樣的極端派和滿蒙親貴派，則堅持「大清」和「中國」是敵對概念。這樣一來，「大清」、「中國」、「支那」、「華夏」諸如此類的概念，就變成了具有高度政治意義的詞彙。大家都希望利用這些詞彙在文化和語義上的模糊性，一方面爭取盡可能多的支持者，一方面又把這些支持者攏到自己這個比較狹窄的範圍內。這種情況跟現在各方面運用「中國」搞統戰的形勢非常相似。

其實我們把視野放廣一點就可以看出，這種語義混亂是世界各國（包括歐洲邊緣地區如東歐）從中古那種比較混亂的統治形式，轉化到近現代這種比較明確、邊界比較清晰的民族國家統治形式的民族構建過程中，不可避免會發生的爭論。它不是遠東特有的現象，而是全世界共有的現象。

Q 您說歷史上的中國源於內亞秩序在上古、中古和近代的三次輸出，這樣的理論是怎樣得出的？

應該說，我這是沿用了一般歷史教科書的說法。

嚴格來講，「中國」這個詞是近代以來才開始有國家意義的，在古代頂多是一個城邦或城市的意思。正確、嚴謹的說法應該是，東亞歷史上的政治結構源於內亞的輸出和刺激，這在考古學和文明史上是很明確的。

所有比較嚴肅的學者都知道，人類文明實際上起源於西亞。西亞產生文明，至少是在一萬年以前。西亞比東亞早一千年到兩千年，就已產生有形態的國家。

很多證據表明，東亞最早的政權就是殷、周兩個朝代（其實「朝代」這個詞也是唐宋以後才追認的）。真實的殷、周，其實不是兩個交替的朝代，而是並行的、時空有一定交錯的兩種文明體系，它們都有深刻的內亞烙印。

有比較極端的學者認為，殷、周兩個族群都是從西邊來，例如王國維。他寫的詠史詩就說，華夏文明的祖先是從崑崙山下來的，這在當時是非常流行的學說。

殷人的戰車技術跟兩河平原的戰車技術一模一樣。而戰車能不能通用要看輪距，戰鬥力多高則要根據在戰車上射箭的武士高度，結果測量了這些輪距、高度，發現跟美索不達米亞文明的原型相似，但晚了一千年到兩千年。

所以合理的說法是，殷商就是從西北方遷移過來的一個種族，或者是在跟內亞接觸的過程中，吸收了西亞的文明成果，所以在組織形態上有了很大的進步才建國。

我們都知道，原始部落很早就出現了，但原始部落產生出國家組織，就像鹵水點豆腐一樣，經常需要外來刺激。最重要的外來刺激就是外來征服。

本來我們是一些鬆散的部落聯盟，就像傳說中的黃帝、炎帝或三代上古一樣，部落酋長的權力不太大，但也是經由一定的民主程序產生出來，軍事動員能力則不強；但如果被外人一打，受到這個刺激之後，就會發現我們非要有戰鬥力不可。就像《聖經》中的以色列人那樣，發現自己打不過外邦人，就吵著說我們也要立一個王，讓王領導我們征戰。這就是國家的一個重要起源。

也許殷商是內亞來的征服者，那它當然是在征服的過程中形成了比較完善的國家組織；也許它本來不是內亞人，只是在跟內亞征服者接觸的過程中發現自己有必要強化軍事組織，從而發展出了自己的王朝組織。這兩種可能性都是殷、商從各種原始部落中崛起的原因，也是東亞從部落到國家最可靠的原因。

周人的情況就更明顯了。周人是肇自西北，儘管從文字記錄看不出他們的種族和文化來源，但從挖掘出的古物看得出，凡是今天陝西一帶挖出來的古物，無論時代是西周還是後來的春秋、秦代，都會有非常突出的斯基泰（Scythian）或吐火羅（Tocharian）風格。斯基泰有強烈的雅利安印歐性質，吐火羅也有很深刻的東伊朗烙印，它們都跟內亞文化有千絲萬縷的聯繫。所以無論是周人或秦人的文化，都有很深刻的內亞來源。

周人征服殷人，是西土的力量打敗東土的力量。這種模式在後來的歷史中一再重演，每一次都是由更接近內亞、能接受內亞先進技術的族群，打敗了離內亞較遠、軍事技術不太先進的族群。

在戰國時代，趙武靈王胡服騎射，當時的保守派貴族認為，我們自古以來都是穿袍子開戰車，我們很文明，不應該去騎馬射箭。但趙武靈王說服了這些保守派貴族，使趙國的戰鬥力迅速增強。看看趙國的位置，它是在兼併了代國（鄂爾多斯[Ordos]高原到大同這一帶）以後才變強大，成為戰國後期唯一能跟秦國對抗的力量。

趙、秦都是中原諸侯國之中，能接觸內亞輸出的國家。內亞有兩條路線：一條是河西走廊，由秦國接觸；一條是「雲中道」，也就是《穆天子傳》講的那條路線，從洛陽出發，向北經過邯鄲到代郡，然後抵達大夏；也就是到大同、鄂爾多斯一帶，再順著蒙古高原西行，即後來唐朝透過回鶻人西行的路線。這兩條路線是內亞輸出的主要道路，所以戰國後期的仗主要就是它們打。

整個先秦時代，即使是我們認為最古老、最正宗的中華文化（即孔子時代的華夏文化），其來源跟內亞文化的輸出是有不解之緣的。孔子講的周禮就是封建制度，而封建制度就是周人打敗殷人以後、在東土搞軍事殖民產生出來的。這個格局就像是，日爾曼人打敗羅馬人以後，搞軍事殖民而產生出歐洲封建格局。如果說西方文明源於日爾曼，那麼中華文明和華夏文明就是源於周人，而周人的內亞性非常明顯。

第一波內亞輸入，從殷商到趙武靈王，形成了我們所知的秦漢帝國。後來的漢朝是第一個盛世，其實是內亞長期輸出的第一個結晶。但就好像希臘產生羅馬，春秋戰國產生秦漢，在大一統之後，外來輸入就衰竭了，內部競爭也減緩了，所以這個文明就像羅馬、巴比倫這種大一統文化趨於衰竭，導致了永嘉之亂。

從永嘉之亂到隋唐，是內亞的第二波輸出，結果就是產生了隋唐，以唐太宗為代表的天可汗。有很多人會漢唐並稱，但漢是孔子那個「中國」的直接繼承者，像羅馬繼承希臘一樣，唐繼承的可就不是孔子的「中國」了。

孔子的「中國」在魏晉以後滅亡了，遷到南方，南方就相當於拜占庭帝國，最終被北朝消滅。隋唐是北朝的繼承者，北朝是鮮卑人北魏的繼承者，北魏是五胡亂華的繼承者，五胡亂華是永嘉之亂的繼承者，永嘉之亂的五胡則是漢朝晚期一直到魏晉以來，從內亞闖入的新一波蠻族的繼承者。可以說，他們是內亞的第二波輸出。鮮卑武川集團產生的隋唐，是五胡亂華以來，從內亞外伊朗地區這一波輸出的總結。

它跟第一波古典的中華文明有很多細節上的區別。例如天可汗體制，就是外伊朗王中王體制在東亞的複製品。萬國衣冠拜冕旒，就像後來我們認為是中國文化的特徵，官員頭頂烏紗帽之類的，其實都是由伊朗人的服裝改來的。

我們現在不像日本人那樣席地而坐，而是坐在椅子上，面前有桌子，這些也都是外伊朗地區的產物，而不是華夏文明的產物。孔子和漢武帝是像日本人那樣席地而坐，前面放一個矮茶几；我們現在有很高的桌子和很高的椅子，則是源於伊朗這些地方。

無論是唐朝的政治制度（例如天可汗、藩鎮制），還是人民的日常生活（例如不吃小米、改吃麥餅），都來自外伊朗地區。這就是第二個「中國」。我們習以為常、認為是「中國」天生的很多東西，都是第二個「中國」第二次輸入的產物。

第三波輸入以遼金元清為代表。內亞征服者以燕京為中心建立王朝，首先建立遼國、金國，後來建立蒙古，征服了整個南宋，最後透過清朝消滅了明朝，塑造了近代中華民國的版圖。

這個第三波輸入更簡單，離得很近。我們都能看得出，所謂的中華民國或中華人民共和國，繼承的是誰的國際法實體呢？答案是大清。中華民國在國際社會能站得住腳，是因為它繼承了大清；中華人民共和國呢，它爭奪的是中華民國在聯合國的席位。

所以說，中華人民共和國如果有一個身分，那這個身分是中華民國給的；中華民國的身分則是大清國給的；而大清國的政治體制，是蒙古人、女真人、契丹人建立的內亞—東亞複合帝國的產物。所以它不是宋朝的後裔，而是遼國、金國、蒙古國和清朝的後裔。這是從政治層面講。如果從文化和風俗層面講，受內亞影響的地方就更多了。

現在我們所謂的「中國」，其實是一個很複雜、很混合的概念，是三個「中國」的重疊體。第一個「中國」是最古老的，跟兩河文明有密切關係的殷周、孔子的華夏，產生了秦漢帝國；第二個「中國」是源於外伊朗地區、萬國衣冠拜冕旒的隋唐帝國；第三個「中國」則是源自蒙古高原的元清帝國，產生了近代的中華民國和中華人民共和國。

我們運用「中國」時，經常是不嚴密的，一下說漢唐如何如何，孔子、諸子百家如何如何，一下又說近代以來的中國跟帝國主義如何如何，其實就是把這三個「中國」的概念，或說是三個東亞政權的概念混在一起用了。然而這三個東亞政權從歷史發展的順序來看，都是內亞起源的。

說得不客氣一點，十八省或所謂的漢人，在這三個體系中的地位，都像是印度人在大英帝國中的地位，儘管人口占多數，但只是臣民。

政治體系的起源都是從內亞或西方來的。近代以前，所有的東亞政治體系都是內亞起源；近代以後，則是西方起源替代了內亞起源。

Q 現在中國人的大一統觀念非常強烈，他們可以贊成民主、自由、人權這些普世價值，但只要一提到這個獨、那個獨，都是痛恨得要命，認為支持臺獨和港獨就是不愛國。您的一個重要觀點就是，大一統這種觀念來自於蒙古的世界主義，是透過元明清塑造起來的，能否解釋一下？

這是「中國」這個概念最矛盾的地方。因為講「大一統」或「中華如何如何」的人，一般是南人，至少也是所謂的漢人，很少有內亞血統的滿人、蒙人或回人。但他們所講的這個概念，非但不是為他們服務的，反而是內亞征服者為了征服他們而設計的。

我們可以粗暴地說：大一統觀念是蒙古帝國為了反對宋獨勢力而設計的意識形態。

這一點我們要從宋朝的起源來看。宋人對唐朝和五代有很大的不滿，他們認為宋朝存在的意義，就是反擊唐朝和五代藩鎮以來那種不像話的作風。這個不像話的作風有兩方面，互有聯繫。

一方面是家風不正，指的是唐太宗或他們的女眷，女性不守清規或不遵守中原禮法之類的概念。總之是像魯迅說的，「唐室大有胡氣」。唐朝是鮮卑血統很重的王朝，又直接繼承了北朝，所以一點都不奇怪。

同時，五代的番將直接繼承殘唐五代的藩鎮，基本上跟叛亂的安祿山一樣，差不多都是胡人。固然安祿山是河中人，也就是外伊朗系統的人，但打敗安祿山的李光弼、李抱玉這些將領，何嘗不是胡人呢。唐玄宗要打安祿山，第一個派出去的就是哥舒翰，是胡人。後來打敗安祿山的李光弼，也是胡人。唐朝對付安祿山的辦法就是用胡人打胡人，此外沒別的可靠辦法。

像杜甫這一些人雖然對唐朝這種政策很不滿意，但你要讓他去打仗的話，他也沒辦法打，最後還是只能用這種辦法，用親唐朝的藩鎮去打那些反唐朝的藩鎮，最後演變出來的就是五代十國。

五代當中，除了朱全忠那個後梁，其他四代都是起源於河東的沙陀王朝。歷史明確記載，沙陀王朝起源於唐朝的處月部落。這是一個白種人的部落，原本居住在天山北路的北庭（別失八裡），即今日的昌吉市吉木薩爾附近的地方，在唐朝末年接受唐朝人的招募來替唐朝人打仗，打別的塞外蠻族和黃巢這樣的反叛勢力，最後把河東這個地方封給他們。他們首先變成一個割據勢力，最後在征服汴梁以後建立了五代。

宋儒認為，唐朝這種做法太糟了。從唐朝末期安史之亂以後，就開始有這種看法。大家痛恨安史之亂，認為安史之亂搞壞國家，都怪唐玄宗不該亂用番將。唐玄宗本來不用番將，日子過得好好的，但用了番將以後天下大亂，民不聊生，所以必須糾正這個錯誤。他們譴責的對象不僅是番將，還包括伊朗文化。

例如白居易這樣的人，一方面罵安祿山不忠不義，不該造反，另一方面又罵唐玄宗和楊貴妃，說他們不該跳伊朗來的胡旋舞、吃胡餅、喝葡萄酒。總之，熱愛胡風、不愛華風，在政治上把番將引進來，在文化上搞那些葡萄美酒夜光杯的東西，是現在倒楣的根本原因。

但白居易和很多知識分子一樣，他也是一個心口不一的人。近代學者考證，儘管他在朝廷上痛　安祿山、胡旋舞和唐玄宗的番將政策，但他私底下很喜歡聽龜茲樂，也看胡旋舞，所以他其實就是他所譴責的那個現象。

宋儒基本上就是唐朝這些民間反對派的繼承者。他們認為，宋朝建立的動機是洗清前代的錯誤，以後要建立一個徹底排除內亞因素的王朝，這就叫做尊王攘夷。尊王攘夷跟白居易時代的那些理論一樣，也是有政治和文化兩個層面。

從政治上講，絕對不要像以前的鮮卑人王朝，把什麼哥舒翰、安祿山都弄來當官，以後我們要完全用科舉制度選出來的儒家學士來當官。這一點是做到了，宋朝是文臣主導的年代，當官的人都是儒家的文人學士，武將沒有地位。這樣一來就可以消滅胡人藩鎮割據的錯誤。

另一方面，從文化上講，也要尊王攘夷，也要搞純的中華文化，這體現在「王者不治夷狄」，不搞唐朝那種黷武主義。唐朝什麼地方都想要，結果國土中有大量異民族文化的勢力；但我們宋朝呢，王者不治夷狄，西亞的土地不要，契丹的土地也不要。照現在的說法，宋人的文化政策是一種文化民族主義。只有小華夏這個圈子裡的土地他們才要，出了圈子他們就不要了。

別說西北的土地他們不要，連西南的土地都有一句名言叫做「宋揮玉斧」——宋太祖用玉斧在地圖上沿著大渡河畫了一條線，把諸葛亮征南蠻以來已經控制的雲南、貴州一帶，劃到宋朝以外。因為打不過契丹、西夏，所以還能這樣做，但打西南這些少數民族，總可以打贏吧。

但宋太祖的意思是，即使能打贏，也不要這些土地，我們只要純粹的華夏民族主義。因為這些土地不是我們華夏文化的，所以諸葛亮、唐太宗、唐玄宗去要這些土地，都是犯了錯誤。大渡河以外的土地不是我們宋家的土地，我們宋朝的子孫永遠不去要這些土地。不要像唐玄宗那樣「武皇開邊意未已」，我們要吸取唐朝的經驗教訓，再也不幹這種事。

這就是宋朝的意識形態。它是文化民族主義，退縮的，保守的，要求東亞跟內亞劃清界限。我們只要東亞，不要內亞，內亞跟我們不同。當然這樣一來，宋人就不會像唐朝那樣，去要西域或大理的土地了。但你不要別人的土地，不見得別人就不要你的。遼人、金人和後來的蒙古人還是打過來了，最後蒙古人征服了整個宋朝。

宋朝反對蒙古人的意識形態，不僅是軍事上要反對，在政治和文化上也要有自己的說法。這個說法當然就是，你們內亞人是一撥，我們東亞人是一撥，我們華夏衣冠跟你們不一樣。像陸游那些南宋人就很強調，他們堅決反對唐人很讚賞的北齊、北周。他們說，北齊的鮮卑人政權非要念孔子的經、搞華夏衣冠，簡直就像狗戴帽子，不像話。

如果你回到唐朝，你會發現唐朝的君臣對北齊還是很讚賞的，因為他們自己也是鮮卑人，但宋朝就認為這樣絕對不行。宋朝人會說，你們內亞民族即使學了孔子的道理，學了華風，我們也不要你。這就是宋人的文化民族主義，就像秦檜和宋高宗所謂的「南自南，北自北」，你們北方人是北方人，我們南方人是南方人，我們不應該合在一起。

這個立場在蒙古人看來（特別是蒙古人贍養的那批儒家知識分子，例如姚樞或史天澤），已經跟宋獨勢力差不多了。按照南蠻這種頑固的看法，宋人永遠不會向蒙古帝國臣服的。

這樣一來，對他們在蒙古帝國內部的政治鬥爭也是不利的。姚樞、史天澤這種人是跟著忽必烈混的，他們主張蒙古應該往東亞主攻。但在蒙古朝廷之中，也有基督教徒鎮海、伊斯蘭教徒刺合蠻這些人，主張蒙古應該向西亞、巴格達那個方向發展，汴京這些地方都不重要。他們所擁戴的貴由汗，跟姚樞、史天澤這種人擁戴的忽必烈汗，在政治上處於對立狀態，所以後來爆發了忽必烈和阿里不哥之間的內戰。

所以，姚樞、史天澤和忽必烈這一派為了加強他們的論據，就特別需要一種意識形態，能粉碎宋人那種頑固的東亞文化民族主義，必須要論證普天之下都是一家，所以蒙古征服你們宋人很合理。

為什麼呢？因為自古以來儒家都是主張國際主義、有教無類。「有教無類」就是說，無論你出身什麼民族或文化，只要願意向孔子學習，就都是孔子的門徒。按照這種邏輯，儒家也是一種跟基督教和伊斯蘭教一樣的國際主義宗教。這樣一來，他們就可以擁戴忽必烈，以儒家為意識形態搞世界帝國了。

如果搞不出這套意識形態，那就只能讓剌合蠻或鎮海以伊斯蘭教或基督教為意識形態搞世界帝國了。後來，我們都知道，金帳汗國以伊斯蘭教為意識形態搞世界帝國，伊朗的伊爾汗國首先以基督教為意識形態、後來以伊斯蘭教為意識形態搞世界帝國。

這對忽必烈來說是很大的壓力，因為基督教和伊斯蘭教都是世界宗教、普世宗教，任何種族和文化的人都能變成基督教徒或伊斯蘭教徒，所以如果忽必烈搞不出這一套，在政治鬥爭中就會處於不利地位。因此忽必烈周圍的那些大臣就企圖以儒家為藍本，把儒家世界主義化。

宋朝的儒家不講世界主義，而是講文化民族主義，所以元朝的儒家要反駁宋朝儒家的觀念，就要把儒家和大一統結合起來，生出我們後來很熟悉的大一統儒家觀念。其實這在宋儒看來是非常矛盾的，而且是非常漢奸的理論。這個理論等於是說，只有蒙古人有資格統治東亞，因為只有蒙古人有能力建立世界帝國。

如果我們把孔子重新解釋成一個世界主義者，或一個像耶穌基督、穆罕默德那樣不講種族和文化的人，那麼我們就可以合邏輯地得出結論：孔子在南宋皇帝和忽必烈之間，將會選擇忽必烈。因為南宋皇帝只能搞一個割據、偏安的政權，只占住南部這一塊地方就行了，不可能統一天下，所以不符合孔子的理想，因為孔子是要把王道推行全天下的，而忽必烈能統治全天下，所以根據孔子的邏輯，忽必烈比趙家皇帝更有資格統治整個東亞和全世界。

當然南宋那些儒家不這麼想。他們會主張，孔子也說過「夷狄之有君，不如諸夏之亡也」，也就是說，諸夏、華夏的文化無論如何都比夷狄文化高明，所以趙家天子再不成器也是自己人，蒙古天子再厲害也是別人，你們找這種理由無非是給叛變找依據。你們本來都該忠於趙家天子，但現在卻貪圖富貴，投靠蒙古人，就像在抗日戰爭時期投靠日本人一樣。為了給自己的行為遮羞，你們就說：「日本人能實現大東亞共榮圈，但蔣介石實現不了，所以我們忠於日本人沒有錯。我們不是漢奸，反而在道義上比你們高一層。」

宋蒙相爭時，雙方的意識形態就是這樣。文天祥那種人當然要主張華夏文化至高無上、「崖山以後無中國」之類的邏輯；姚樞、史天澤那種人當然要主張孔子不講種族，天下有德者居之。什麼是有德者？能統一天下蒼生、把和平帶給全世界人民、把全世界人民從無休止戰爭中解放出來的人，就是孔子選擇的真命天子。忽必烈能統一你們，說明忽必烈就是真命天子。

最後的結果，忽必烈是軍事、政治雙管齊下，一方面在軍事上打敗了南宋，另一方面在政治上又透過他對儒學的重新解釋，把大一統的新儒學變成蒙古帝國的官學。在蒙古帝國的科舉當中，你如果再像文天祥那樣解釋文化民族主義，你就永遠做不了官；你必須按照大一統的方式重新解釋儒學、朱子學，你才能做蒙古帝國的官。

等到朱元璋推翻了蒙古，他不想像宋朝那樣只占住南方漢地，他還想去滿洲和關外發展，因此他也在他的歷史體系中，把忽必烈當成跟唐太宗、漢文帝一樣需要祭祀的先王，也要講華夷秩序。

也就是說，他不是繼承南宋的政治秩序，而是繼承蒙古的華夷秩序。他召募很多蒙古將領為他服務，同時強調北元政府已經滅亡，不僅南方的遺產，而是蒙古帝國的全部遺產，理所當然都該歸屬明帝國。所以他的主張實際上是，長城南北的土地都屬於他，因此他在政治和學術上都否定了南宋儒學。

這就具體地體現在孔子家族的繼承上。本來南宋把孔子家族遷到江西，繼續維持儒學的道統；而金人和蒙古人則把留在山東曲阜的孔子世家豎起來，即所謂的孔子北宗，作為孔子的繼承人。南北分裂的結果，使孔子這一家也分裂了。

後來蒙古勝了，把北宗作為孔子的正宗。朱元璋趕走蒙古人以後，還是選擇山東那個孔家（蒙古人的孔家）作為孔子的正宗。他選擇的科舉題目，仍然是蒙古帝國那些題目。明朝的科舉繼承了蒙古帝國的出題方式，而不是承襲南宋。明朝繼承了蒙古帝國大一統的意識形態，而不是南宋的文化民族主義。

明朝皇帝不像宋朝皇帝那樣主張王者不治夷狄，而是主張華夷秩序。無論華人或夷人，都是明朝皇帝的臣民；原先是蒙古皇帝的臣民，現在也要當我明朝皇帝的臣民。最後是清兵入關，等於是重新恢復了蒙古的格局。皇太極就說，明太祖不過是一個百姓推翻了原先的主人，建立了皇朝；他都可以合法，那我本來就是貴族出身，直接繼承成吉思汗的汗位有何不可？他的意識形態當然是吸收了蒙古那一套，同時他搞科舉，搞的也是明朝繼承蒙古的那套大一統思想改革過的朱子學。

這樣一來，接受蒙古式儒學薰陶的新一代儒家知識分子，就有了嚴重的靈魂分裂。

後來的南社這些人，即使在政治上極端反對滿清和蒙古，但畢竟是受孔子思想教育，而且教育他們的正是這種從蒙古產生、由清朝發揚光大的新式儒學，所以他們就處在一種杭亭頓（Samuel Huntington）所謂的靈魂分裂狀態：一方面要反對內亞各民族對東亞的征服，一方面在文化上又非要堅持大一統主義。

從政治上來講，自古以來只有內亞統一東亞（就像蒙古征服南宋），從來沒有東亞統一內亞。朱元璋和他的子孫短暫地企圖逆轉內亞征服東亞的傾向，但結果很快就被靖難之變扭轉過來了。

靖難之變靠的是北平的朱棣勢力，而朱棣靠的是周圍的蒙古雇傭兵，打敗了建文帝周圍那批想要復古更化的儒臣。這個矛盾，這些人解決不了。實際上，你要堅持文化民族主義，又要做到邏輯一貫，那你最後只能回到南宋那種格局，回到文天祥的邏輯，來一個「王者不治夷狄」，把那些蒙古人統統趕出去。

或是，你要堅持大一統主義，那你就不可避免要面臨矛盾現象：能實現大一統主義的都不是南人，而是內亞人；即使不是蒙古滿清，那也會是朱棣這樣高度蒙古化、依靠蒙古支持的人，不可能是江蘇人或廣東人來搞大一統。江蘇人和廣東人要想自己出頭露面，那只能搞文化民族主義或小民族主義。你若要搞大一統主義，那就是要滿洲人和蒙古人來征服你。

但他們在這兩面都不高興，又不想滿洲人和蒙古人來征服（換作現在則是不高興共產國際來征服），另一方面又不肯捨棄大一統觀念，結果他們的出發點自相矛盾，自然容易被人找到弱點。別人要攻擊他，就像汪精衛和孫中山攻擊梁啟超一樣簡單，因為你的立場自相矛盾。

立場自相矛盾不一定有致命損害，例如我像忽必烈一樣，拿著槍桿子，即使我在理論上自相矛盾，還是站得住腳；我不講理，講槍就行了。儘管有理又有槍最好，但有槍的人可以不講理。

但你們這些民間知識分子本來就沒有槍，只有理；在沒有槍的情況下，你的理都講得自相矛盾，那麼你肯定講不過那些理論比較一貫的人。所以後來梁啟超鬥不過汪精衛，就是這個原因。汪精衛那種驅逐滿蒙的邏輯比較一貫，梁啟超又要搞大一統、又要搞文化民族主義的邏輯，不可避免會陷入自相矛盾。現在的情況仍然如此。

從好的方向來說，大一統的觀念就是講事實，讓人民享受和平的幸福是最重要的，誰當領導人、講什麼文化都是次要的，畢竟老百姓都希望安居樂業。天下只有「定於一」才能安居樂業，誰能統一天下，把和平送給老百姓，誰就是合法的領袖。這樣做，才是真正為老百姓著想。

從壞的方向來說，這叫做寡廉鮮恥，跟漢奸沒區別。所謂「忠臣不事二主，烈女不侍二夫」，我們的祖國倒了楣還是自己的祖國，不能說別人打了勝仗，他能統一天下而我統一不了。你這種大一統邏輯跟勝利者萬歲有什麼區別？

鮮卑人打勝仗，那麼鮮卑人萬歲，鮮卑人是大一統帝國，孔子擁護鮮卑人。蒙古人打勝仗，那麼蒙古人萬歲，殺了多少漢人都沒關係，蒙古人應該統治世界。滿洲人揚州十日沒關係，因為他們能帶來和平；這能怪誰，誰教明朝皇帝或李自成帶不來和平呢。

這個邏輯看上去很有道理，但實際上是正人君子在這種邏輯下都要倒楣，堅持原則的人都要倒楣，不堅持原則的投機分子和小人都可以飛黃騰達。

換成現在，假設日本人征服了我們，打敗了蔣介石，搞成了大東亞共榮圈，那麼是不是日本人也有資格統治我們？再假設共產黨靠蘇聯勢力征服了我們，既然共產黨能統一中國，那麼是不是共產黨最有理？人民在暴政下受到災難，在戰爭中也受到災難，但無論政權多麼殘暴，是不是只要它能統一天下，使我們避免戰爭，它就合法了？大一統觀念只要發展到極致，最後就是會毫無原則地為任何暴政辯護。

一面堅持大一統主義，一面又要堅持民主、華夏民族主義或小民族主義，最終你就會推進到這個矛盾的地步。假如有人能像成吉思汗或帖木兒一樣，用極其殘暴的手段征服你，那麼按照你的政治邏輯，你還是應該擁護他，因為他能給你帶來和平。誰能帶來和平？手上有槍的人、掌握武力的人。最終，即使論證步驟再怎麼複雜而細緻，結果必然如此。

Q 辛灝年老師寫了一本《誰是新中國》，認為「新中國」指的是中華民國。但我們知道，中共一直把中華人民共和國作為「中國」的代表，提出了九二共識與一中各表。中華人民共和國和中華民國高度重合。您對辛灝年老師的這一觀點是怎麼看的？

他認為「新中國」是共產黨從國民黨那裡剽竊過來的，非常正確。這個歷史脈絡很容易考證。「新中國」是國民黨在抗戰時期的文化宣傳，強調我們抗戰勝利以後，要建立一個非常美好的新中國。內容非常具體：抗戰以後，還我河山，撥亂反正，各方面要搞全方位的「四個現代化」，照現在的話說就是四個現代化建設。毛澤東為了對付這個宣傳，很巧妙地把這個詞剽竊過來，發明了我們都知道的那首歌〈沒有共產黨就沒有新中國〉。這是很無恥的剽竊，因為國民黨用「新中國」已經用了十幾年。國民黨一直說，在黨的領導下要怎麼建設新中國，但毛澤東輕輕飄飄，什麼力氣也不出，就把「新中國」這個詞安到共產黨頭上，一下子就變成「沒有共產黨就沒有新中國」了。

民國時期大家都知道，中國共產黨是共產國際的支部，共產國際的總部設在莫斯科，中共包括毛澤東在內都是蘇聯的人。大家都覺得，在團結抗戰、統一戰線的情況下，我們雖然要團結蘇聯一起對付日本，但你們共產黨畢竟不是自己人，想搞正宗的中華民族，怎麼也輪不上共產黨。但沒想到共產黨輕飄一搞，無恥地把「中國」這個詞蓋在自己頭上了。從宣傳的角度來講，國民黨花了很大力氣來洗米煮飯，都還沒有吃呢，共產黨就一把搶走這碗飯，還硬說是他的。

辛灝年先生是傾向國民黨的，但即使他沒這個傾向，而是一個不相干的第三者，看到這種情況也會覺得共產黨實在非常不要臉。

你共產黨以前一直講國際主義、反對民族主義，當國民黨講民族主義時，你義正詞嚴地說民族主義是地主資產階級的落後意識形態，我們國際主義才是無產階級的先進意識形態。結果等國民黨講得差不多了，抗戰勝利了，你共產黨突然來一個下山摘桃子，搶走江山，連人家發明的意識形態都搶去。

以前你共產黨一直說民族主義那麼壞、是剝削階級的武器，但你又要打倒剝削階級、解放中國人民，那你憑什麼拿這武器，你應該打倒它才對呀，你怎麼這麼不要臉，把罵了許多年的中華民族撿起來，說是你自己的發明。辛灝年先生把這一點考證出來，從狹義考證的角度來看，是沒問題的。

但另一方面，我們現在說的中國歷史，其實是像一個俄羅斯套娃或洋蔥的結構。俄羅斯套娃是大套娃打開裡面還有一個小套娃，小套娃打開以後還有更小的套娃。易卜生（Henrik Ibsen）的詩劇《培爾．金特》（*Peer Gynt*）講的洋蔥頭也是這樣，剝了外面一層，還有裡面一層；你以為剝到底了，但其實還有很多可剝的東西。

辛灝年先生是剝到國民黨這一層，看到共產黨篡奪了國民黨這些東西，就覺得共產黨很無恥。這種感情上的看法，我跟他是差不多的。但他到此為止，沒繼續剝下去，以為國民黨那個大中華民國就是最底了，而我還要繼續往下剝，結果發現國民黨的大中華底下還有好幾層呢，可以一直剝到歷史源頭。這個源頭我講過了，哪怕是孔子禮樂說的周人封建制度，其實也是跟內亞征服者有密切聯繫的。這就是洋蔥頭一連剝了幾層。

我可以數一下有幾層。第一層是辛灝年先生剝開共產黨篡奪國民黨的大中華主義，但國民黨底下還有一層，就是國民黨篡奪袁世凱的中華民國。因為國民黨原先主張的是華夏民族主義，而中華民族主義是袁世凱主張的東西。共產黨固然篡奪了國民黨的意識形態和江山，但國民黨也篡奪了袁世凱和北洋軍閥的意識形態和江山。

「中華民族」這個概念，本來是梁啟超這種改良派和袁世凱這種妥協派創造出來的意識形態。「中華民族」背後又有滿洲人和蒙古人打下的帝國結構，「中華民族」和「中華民國」都繼承了這個結構。滿洲人和蒙古人的背後，又有北魏、北周、西魏和隋唐打下來的、鮮卑人天可汗的世界結構。這個世界結構的背後，又有秦始皇和漢武帝繼承的那個最古老、古典「中國」的帝國結構。這個帝國結構又直接來自於周公東征所建立的封建結構。

一層一層把東亞的歷史（我不說「中國」的歷史，因為「中國」的歷史概括不了東亞的歷史，東亞的歷史有一半在東亞以外，而且這一半是最重要、最關鍵的一半，是動力所在的一半，所以我經常不說「中國」，而說「東亞」）從共產黨的「一個中國」剝下去，剝到國民黨的「大中華」，剝到袁世凱和梁啟超的「中華民族」，剝到滿洲人和蒙古人的大一統，剝到鮮卑人的天可汗和國際主義，再剝到秦漢帝國，最後剝到孔子和周公的封建制度。整個剝下來就是一個套娃結構。

你想要了解整個歷史，就不能只剝到國民黨這一層。你得一直剝到底，剝到歷史的黎明，也就是剝到最開始周公和孔子那個時代才行。

您如何評價辛灝年的歷史觀？

首先，他剝開了共產黨發明的「歷史的選擇，人民的選擇」這個歷史神話。剝開這一層我們就可以看到，共產黨所謂的「國民黨反動派」、「抗戰中流砥柱」全是胡說八道、經不住考證。

你只要從一個地方產生疑點，一步一步挖下去，就可以看出共產黨的真實角色。翻閱史料就知道，共產黨在民國時代的真實角色，就跟真主黨在黎巴嫩的角色一樣，都是外國敵對勢力打入內部（中華民國）的一個代理人機構。

真主黨是敘利亞和伊朗的代理人，不是黎巴嫩的人。因為黎巴嫩是弱小的國家，打不過敘利亞和伊朗，所以才容許真主黨待在境內。而真主黨也很少做什麼有利黎巴嫩的事，動不動就要暗殺政要，破壞政治進程。黎巴嫩在一九五〇、六〇年代號稱是中東的瑞士，但被真主黨這麼折騰，現在只要一提到黎巴嫩，大家都覺得是一個恐怖主義橫行的地方。這個責任是多方面的，但真主黨發揮的作用無疑是最惡劣的。

共產黨在民國時期的作用也是如此。大家都知道，共產的意思就是不要民族，把全世界的無產階級團結起來。共產國際的大本營在蘇聯，中國共產黨是蘇聯共產黨的一個支部，它的組織、人員、錢財、武器都是蘇聯提供的。之所以沒有辦法把中共趕出去，是因為中華民國政府像黎巴嫩政府一樣弱，而且派系林立，團結不起來，所以趕不出去，只能勉強容忍。

如果是反過來的說法：真主黨代表了黎巴嫩人民的根本利益，它打擊主流政黨、暗殺總統的做法是解放黎巴嫩人民——這種說法肯定會讓黎巴嫩人覺得荒謬無比。共產黨在中華民國時期做的事也是這樣，只不過國際形勢對它更有利，有抗戰和冷戰使它找到了機會，做到了黎巴嫩真主黨至今做不到的事，也就是把黎巴嫩其他政治力量全部推翻，建立一個真主黨統治的黎巴嫩。然後你假定真主黨統治了黎巴嫩以後，要給自己發明一個神話，那麼這個神話必然會像中國共產黨發明的神話。

中國共產黨會要刪除歷史記憶，抹掉民國時期老人還記得的那個事實——中國共產黨是蘇聯的傀儡組織，是蘇聯人派它進來顛覆中華民國的。它會反過來說，把中華民國的統治者（儘管有各方面的弱點，但在一九四九年之前還是國際普遍承認的合法政府）

當成剝削階級、反動派和帝國主義代理人來反對，然後把自己作為外國代理人征服中國的過程，說成是解放中國人民的過程，而且中國人民是自願擁護它去推翻國民黨反動派。這種做法，在共產黨人以外的任何人看來，都是極端無恥的。在共產黨的直接受害者（國民黨人）與同情三民主義的人看來，當然是更加無恥，難以忍受了。

到這一點為止，我跟辛灝年先生沒什麼分歧。若有任何分歧，那就是我跟國民黨沒什麼特殊的歷史關係，我也談不上是三民主義的同情者。所以，我也認為共產黨很無恥，但是不是就認為國民黨完全正確或是中國唯一的救星，那就是另一回事了。

所以下面我們要轉到另一個問題，也就是分析問題要從兩方面來看。如果我被強盜打了，首先，如果有人說強盜是來解放我的，我一定跟他拼命，天下哪有這麼不講埋的人；第二，如果有人來跟我說：「你看看，為什麼張三碰上強盜以後，他就把強盜打死了，但你碰上強盜，卻讓強盜把你打得滿地找牙，你可要好好反思你的錯誤。」如果我碰到第二種人還要跳起來說他是壞蛋，那就是我不知好歹了。

國民黨的反應就很像是上面講的那樣。它到了臺灣以後，還說美國人對它不夠好，之所以沒有反攻大陸是因為美國人限制它，這麼講就有點不知好歹了。

國民黨應該要反思，共產國際對凱末爾也採取了顛覆措施，但為什麼凱末爾把蘇聯和共產黨打敗了，而你蔣介石反而被蘇聯人陷害？蘇聯人難道是特別愛凱末爾，特別不愛你嗎？顯然不是。蘇聯也是在波蘭擴張失敗以後才轉向東方的，它對伊斯蘭世界的擴張和對遠東的擴張是同一個步驟，最後哪個成功、哪個失敗並不是蘇聯人自己能控制的。那你要解釋一下，為什麼凱末爾想要建立土耳其共和國，他成功了，但你國民黨想要建立中華民國，你卻失敗了？這就要涉及更深層的問題。

所謂更深層的問題有兩個層次。第一，就算你國民黨完全正確，共產黨絕對邪惡，但你這個好人被壞人打敗了，你得總結一下吧。「往者不可諫，來者猶可追」是古人的智慧箴言，那你要想想，他這麼壞，為什麼成功？我這麼好，為什麼失敗？我錯在哪？所謂錯，不一定是我在道德上有錯，國民黨人可以說，三民主義、中華民國就是對的；好，我們可以承認這一點，但你這個正確的三民主義為什麼被不正確的共產主義打敗了？它到底用了什麼手段打敗你？你得把這個教訓總結出來；如果總結不出來，那你下次還是會失敗。

很遺憾，國民黨在這方面做得很差。也許忠誠的國民黨人會認為，國民黨一切都是對的，但像我這種跟國民黨沒有歷史關係的人看來，這說明你被強盜打了一次沒有吸取教訓，當強盜第二次要打你，你還是被打了。雷電不會在同一個地方擊中同樣的人，而你居然在同一個陷阱上摔了兩次，這就說明你很沒出息。我如果要選擇可以支援的物件，我不會選擇不斷犯同一個錯誤的人。這是比較淺層次的問題，是涉及國民黨本身和國民黨支持者的問題。

還有一個更深層的問題。國民黨為什麼失敗，凱末爾為什麼成功，這除了國民黨本身的錯誤以外，還有更深刻的原因。在我看來，國民黨本身的錯誤就如我在《遠東的線索》寫的，就是你根本不該聯合蘇聯去對付日本，大不了把滿洲國賠給日本。

你國民黨不跟日本人打仗的話，共產黨就沒有可乘之機，至多是像緬甸的共產黨那樣，在某些比較貧困落後、靠近蘇聯邊界的地方建立一些傀儡政府，但至少它打不到長江以南。滿洲丟了就丟了，至少大江以南還是你國民黨的地盤，比跑到臺灣好得多。跑到臺灣以後，已經吃一次虧了，你無論如何都要緊跟美日，不能讓共產黨再統戰一次。如果再統戰一次，讓臺灣人民看清楚你跟共產黨的關係曖昧不清，很可能把臺灣出賣給共產黨，那麼你在臺灣會站不住腳。結果國民黨就這樣一再犯錯，把自己的政治前途給斷送了。

這件事，國民黨不能說自己沒有責任。因為你如果被強盜打了，表示你沒有打敗強盜的能力，說明你身體不夠好，你應該承擔練武練得不勤的責任。你如果被騙子騙了，別人不上當就你上當，你自己也要負責。就算是孔子、孫文、蔣介石復生，我也要對他們說這樣的話，而且沒辦法反駁我。

但這背後還有更深刻的原因：凱末爾為什麼成功，國民黨為什麼失敗，這跟土耳其民族和中華民族的構建方式不同有深刻的關係。蔣介石的構建方式不像凱末爾，而是像恩維爾·帕夏（Enver Pasha）。帕夏是凱末爾的老師。

青年土耳其黨人革命成功、對土耳其進行全面近代化改造時，凱末爾只是一個中級軍官，而帕夏是國家領導人。帕夏的政策是，鄂圖曼土耳其這個橫跨歐亞非三洲的大帝國一定要完整保留，就像大清帝國一樣，絕不容忍帝國主義把利比亞、敘利亞這些地方都分割出去。不僅鄂圖曼帝國要統一，連俄羅斯帝國控制的突厥語地區（例如哈薩克、吉爾吉斯），也要收復回來。

這樣一來，帕夏就接下了一個難以承擔的重大任務。也就是說，他所設計的新土耳其，要同時跟英國人、法國人和俄國人作對，只有德國人能支持他了。他首先依靠德國人的支持跟英法作對，企圖收復失地，結果敗得落花流水。土耳其在一戰中跟著德國人走，導致土耳其背離了傳統的保護人英國，丟光了敘利亞、阿拉伯的土地。但他不肯罷休，趁著發生布爾什維克革命，親自帶兵到中亞，跟蘇聯紅軍打仗，想要收復哈薩克、吉爾吉斯那一帶的失地，結果戰死。

凱末爾吸取帕夏的經驗教訓。首先，他也像蔣介石和孫中山一樣，覺得既然是西方國家不支持我們搞近代化，那我們就去找蘇聯支持吧。但這不代表我們是共產主義者，我們只是在西方不支持我們、我們又是極端貧困落後的情況下，出於機會主義跟蘇聯合作一下。我們這些民族主義者，跟共產主義者沒有任何共同之處，只是借助他們的力量建國而已。所以國民黨借蘇聯的力量打倒北洋軍閥，凱末爾也借蘇聯的力量打希臘人。

但他接下來的做法就不一樣了。他馬上跟英法簽署條約，承認摩蘇爾（Mosul）歸英國，敘利亞歸法國（這在蔣介石來說，等於他承認滿洲國歸日本），解決了他跟帝國主義的糾紛。然後凱末爾反過來，毫不猶豫鎮壓了國內的共產黨，並跟蘇聯翻臉，與英法簽署互助條約。接下來，他的繼承者就義無反顧加入了北約，進入了西方陣營。自此之後，土耳其的國本才真正穩定。

我們設想一下，如果凱末爾跟帕夏、蔣介石走一樣的路，那他應該做什麼？首先他會借助蘇聯人把土耳其共和國建立起來，接著要打倒帝國主義，收復滿洲國等失地，讓中華民族站起來。不光是大清帝國的土地要收復，連東南亞那些華人也要去插一杠子。那樣的話，他肯定要收復敘利亞、利比亞、伊庇魯斯（Epirus）、地中海的各島嶼。這樣一來，誰能支持他呢？他也會像蔣介石一樣發現，要跟帝國主義作對的話，也只有史達林才能支持他，而史達林的支持不是免費的。

蔣介石抗日，發現英美保持中立，誰也不來管，最後只有史達林願意用他的武器和空軍來支持抗日，但這是有條件的：你必須解除對共產黨的禁令，恢復共產黨的合法地位，讓共產黨加入統一戰線，讓共產黨到敵後去發展。

發展出什麼結果呢？我們都看到了。共產黨從延安三萬人一下子擴大到抗戰後的三百萬人，趁著你國民黨跟日本人打仗，把你國民黨派到敵後去的那三個省政府都消滅，把敵後機構滅得乾乾淨淨。然後，戰爭一結束，蘇聯人就把滿洲的武器統統交給共產黨，讓共產黨有了推翻你國民黨的基礎。

如果凱末爾也像蔣介石做一樣的事，那麼他也就只能恢復土耳其共產黨的合法地位，依靠蘇聯的援助打英法帝國主義。就算他收復了敘利亞和摩蘇爾的失地，但戰爭一結束，史達林的紅軍進入柏林、橫掃東歐的情況下，難道土耳其共產黨不會借著蘇聯的勢力，順便把凱末爾的繼承人趕出土耳其？那樣的話，他也就只有賽普勒斯可以去了。

如此一來，我們就可以想像，賽普勒斯的土耳其人會建立一個像臺灣國民黨這樣的流亡政府，而土耳其在亞洲大陸上的大片河山，都要變成土耳其蘇維埃共和國了。這個共和國會緊跟著蘇聯的屁股走，直到蘇聯垮臺為止。

這兩者的根本問題就是：凱末爾糾正了帕夏的錯誤，不再搞泛突厥主義，也不再搞鄂圖曼主義，他選擇了小土耳其主義。而蔣介石卻堅持維持大中華民族，想把滿洲、蒙古、西藏和海外的華人都維持到他的統治之下，所以他就落到跟帕夏一樣的下場。他得不到凱末爾的下場，是因為他沒有走凱末爾的路，這才是根本問題。

Q 國共兩黨在追求大一統上是完全類似的，辛灝年的《誰是新中國》對中國未來藍圖的勾畫，實際上就是蔣介石的大一統中華民國概念。您是怎麼看的？

這就涉及國民黨意識形態的根本。我們都知道，孫中山有前後兩部分。前一部分是崇拜美國，凡事以美國為師，欲建立一個民主共和國，不反對聯邦制度；後一部分，他要求以俄為師，由國民黨實行一黨專政。

這兩個孫文是怎樣聯繫起來的？這就涉及中華民族構建的根本問題，也就是大土耳其主義的問題：如果你像帕夏那樣搞鄂圖曼主義，敘利亞人就要問，憑什麼是你來統治我們阿拉伯人？為什麼你們可以建立民族國家，我們就不能？孫文最初的革命，在他第一個中華民國時期，他要求「驅除韃虜，恢復中華」，換成我的語言來說，他就是要把東亞從內亞征服者的統治下解放出來。實際上就是承認，滿蒙藏所代表的內亞跟東亞在文化和歷史上有太多差別，不適合構建為同一個民族。

帕夏想把土耳其人和阿拉伯人建構成同一個民族，結果慘敗，而且不僅是在政治上失敗了，在道義上也說不過去。憑什麼阿拉伯人一定要讓你領導呢？同樣的道理，滿洲人、蒙古人為什麼要跟你做同一個民族呢？如果人家非要建立自己的民族國家，你有什麼正當的理由來反對呢？

如果你是古人，好比康熙皇帝或成吉思汗，你可以說我用征服者的權力，誰打贏了誰就行；但你如果要建立民主，就得讓人民自己說話，人民願意跟誰就跟誰，那麼不可避免地，像大清帝國和鄂圖曼帝國這樣的多元帝國，你得讓各地的人民有選擇權。如果他們高興建立亞美尼亞國、庫德國、敘利亞阿拉伯共和國或希臘東正教共和國，你有什麼理由要他們只能建立一個大鄂圖曼共和國或大鄂圖曼帝國？或者要他們只能建立一個土耳其國，不能建立阿拉伯國？這在道義上站不住腳。

所以，孫文早期在邏輯上還比較一致，他直截了當說驅逐滿蒙，我們各建各的國就行了。但到了後期，跟蘇聯人搞到一起以後，他就直截了當想要恢復大清帝國的版圖。

在這個版圖上的各地人民，是不會自願重建一個帝國式國家的。既然不能自願建立政權，那就只有用不自願的手段了，也就是用列寧主義先鋒隊的手段。因為你們廣大人民是無知的，不懂什麼是政治；但你們也不用管，由我們先鋒隊組成的國民黨對你們實行專政，代你們管政治就好。

但這樣一來，還需要民主嗎？你已經把人民排除在政治之外了，那老實的人民就要說一句話，我們驅除什麼韃虜、反對什麼大清？以前政治上的事大清替我們管，我們只要納糧就行；現在你們國民黨來了，說什麼「政治上的事我們管，你們繼續納糧就行了」，那我們吃飽撐著跟你們去推翻大清？你背叛了自己，跟著你有什麼民主可言？你們國民黨的專制，雖然比蘇聯和共產黨的專制溫和一點，但比大清的專制更苛刻。我們等於是從大清那種比較溫和的專制，落到你們這種比較苛刻的專制之中，有什麼理由要擁護你？這在道義上說不過去。

你國民黨要是全憑槍桿子的力量，那大家無話可說，誰打贏就算誰的；但如果要搞民主，如此邏輯是沒有說服力的。所以這樣的構建方式無法自圓其說。國民黨最後還是依靠蘇聯槍桿子的支持，才打敗了北洋軍閥，真正實現統治。

如果真的按照民國初年議會選舉的方式，就算是宋教仁當了總理、孫中山當了總統，那麼下一屆還是會有其他政權，也許梁啟超就是下一屆總統了，不可能一直執政的。而且無論是梁啟超總統還是孫中山總統，都沒有辦法拒絕達賴喇嘛和西藏人脫離中華民國，另外建立西藏共和國的。所以中華民國註定只是個過渡概念。

你要嘛真正實行民主，那麼孫中山和宋教仁可以當一屆總統或總理，但下一屆就要換梁啟超和其他政黨的人來當；同時，滿洲人、西藏人或穆斯林也完全有權利像你一樣建立自己的國家，所以你的國家註定要分裂。

要不然你就說，民主不民主不重要，統一比分裂更重要，然後我就要效仿蘇聯，自己建立一個列寧黨搞專政。不管你們高興不高興統一，我們都要強迫你們統一。

那樣的話，你有什麼資格反對共產黨？你唯一的理由就是，共產黨是在位的專政黨，而我是在野的專政黨，何必呢？除了跟國民黨有特殊關係的人，或者說是因為跟國民黨有特殊關係而被共產黨整了、要向共產黨復仇的人，其他人是占人口大多數的，為什麼要跟你國民黨走，把一種專制換成另一種專制？

追求民主很好，但要大家一起民主。我就講不出有什麼理由一定不讓西藏人、新疆穆斯林獨立。

Q 民國派提出的口號是「光復中國大陸，恢復中華民國」，版圖和憲法都繼承蔣介石時代的大一統中華民國。您怎麼看這種觀點？

這要從道義和現實這兩個角度來分析。從道義上講，站不住腳。中華民國直接繼承了大清的版圖，這個理論等於是要在歐洲建立一個神聖羅馬共和國，在俄羅斯建立一個大斯拉夫共和國，在中東建立一個大鄂圖曼共和國。無論是歐洲人、東歐人還是中東人，對這種事都不感冒。他們想要做是建立自己的小共和國，波蘭人建立波蘭人的共和國，庫德人建立庫德人的共和國。

現在歐洲之所以特別太平和富裕，恰好就是因為它已經走完了這個過程。波蘭也好，捷克也好，各民族都建立了自己的國家，然後在大家都自由民主的基礎上再建立歐盟，所以天下比較太平。

而中東之所以不太平，就是因為這個過程只走了一半。至於庫德，很像十九世紀的波蘭，還處在剛獨立建國的過程中。伊拉克實際上是三個不同族群湊在一起，所以即使民主了也不穩定。伊朗像是以前的鄂圖曼和大俄羅斯，也是各個不同族群湊起來的國家，所以它的路才走了一半。中東有很多問題，一個重要因素是民族構建沒有完成。

中華民國的作用，實際上就是大清帝國解體以後的一個維持會，它不可能逃避世界其他地方走過的歷史規律。如果你一定要把大清帝國的版圖保全下來，那麼最後你還是得選擇共產黨。這是有歷史必然性的。

你想想，國民黨的專制不徹底，就鎮不住西藏；而共產黨的專制比國民黨徹底，就鎮得住。所以等於是共產黨實現了國民黨沒有實現的理想。從這個角度來講，國民黨對於共產黨剽竊它、迫害它是沒有什麼好抱怨的，因為共產黨替他們做到了他們自己想做而不能做的事。

而西藏這件事，就充分表現出國民黨自相矛盾的性質：你國民黨又要自由民主，又要大一統。我在《民國紀事本末》裡就寫了，這種說法等於說我要減肥但又想天天吃甜食，兩者不可兼得。你要自由民主，那就不能大一統；要大一統，就只能放棄自由民主。共產黨則做得很徹底，索性不要什麼資產階級虛偽民主，乾脆專政到底，結果它反而站得住腳；而國民黨則是兩頭空，落到現在這種下場。

結果是，民進黨占了自由民主這邊，共產黨則占了大一統這邊，國民黨兩頭落空。在臺灣人看來，你國民黨為了大一統而準備犧牲自由民主，把我們出賣給共產黨。在大陸人看來，你滿口自由民主，但沒有能力實現大一統；就算讓你們來了，西藏還是要獨立。本想兩面均占，結果兩頭落空，何必呢？我把這種做法形容為，腳踩兩條船的人結果首先落水。國民黨現在就是首先落水。

Q 中華民國憲法有哪些缺陷？會不會成為未來民主自由新中國的憲法？

憲法有兩個意義，一個是寫在紙上的那些條文，一個是實際上執行的政治習慣，後一種才是真正的憲法。如果兩者之間比較一致，像美國憲法和美國政治習慣那樣，那麼這個國家就處在比較健康的狀態。

但兩者經常是不一致的。中國向來如此，憲法寫下來當廣告用，沒辦法執行。中國的政治習慣一直是僭主政治，也就是所謂的槍桿子裡出政權。毛澤東為什麼勝利，一部分原因就是他不裝逼，直接承認自己一向都是這麼做，也只有這樣才能得到政權、保住政權。這是中國實際上的政治習慣。

這個實際上的政治習慣怎麼產生，跟歷史上東亞帝國的形成模式有關。東亞帝國說白了就是內亞征服者征服東亞的結果，所以它一開始就是依靠征服者權力製造出來的。它執行的行省制度、郡縣制度、最基層的戶籍制度，都是自上而下、征服者對被征服者的管制，沒有留下地方自治的餘地。它不像歐洲或日本的封建制度，雖不是現代的自由民主，但仍是一種比較原始的分權制，各地方有一定自治權，而這些自治權是它們以後能比較順利過渡到自由民主的根本原因。

中央集權比較深的國家（例如法國），實行自由民主的障礙就比較多，但法國至少不是征服者對被征服者實行專政的一個政權。東方帝國（例如中國）長期以來不僅是中央集權的吏治國家，還是征服者對被征服者實行專制的降虜社會，在這方面的問題又比法國嚴重多了，根本不存在歐洲和日本封建制度之下存在的那種行業性或地方性的自治團體。

所以，講自由民主的這幫人，全都是放嘴炮的知識分子。他們的失敗實際上挽救了他們，因為現在大家會覺得，他們失敗是因為共產黨鎮壓他們。這等於是說，假如劉曉波或宋教仁當了總統以後情況就會變好，但實際上他們即使當了總統也必然失敗。

為什麼？第一，他們沒有西方和日本那種早在近代以前就存在的自治基礎。他們只要把這些基礎發掘出來加以利用，然後把障礙物排除掉，就馬上可以行得通，但你現在連這些基礎都沒有。

第二，只有在一種情況下共產黨才會崩潰，就是它在財政和軍事上遭到極大失敗。

在這種情況下，有效治理必然完全中斷，社會經濟形式沒有辦法維持運轉。就像二月革命那種情況，大家連買麵包都有困難。於是，你不可能有能力阻止穆斯林或西藏人搞獨立。在你重新建立任何形式的有效統治之前，四夷背叛、各自建國的情況已經發生了。這些政權會像外蒙古一樣，永遠不再回來。

然後你重新在明朝留下來的十八省土地建立有效統治，而這樣的統治能不能長期維持自由民主很難說。即使你在初期可以建立一個克倫斯基（Alexander Kerensky）或葉爾欽（Boris Yeltsin）那樣的自由民主政權，但因為它底下的社會基礎很差，所以你很難抗拒普丁這樣的人重新站出來說，我要恢復大俄羅斯歷史上的榮光，然後以此為藉口重新實行改頭換面的專制。假定你挫敗了普丁這樣的專制者，你也沒有辦法避免像民國初年和西班牙殖民地的那些中央集權傳統很深的大哥倫比亞共和國那種局面。

例如，吳佩孚占住了河南省，黎元洪占住了湖北省，他們都想統一中國，都想當中華民國總統，但誰也不服誰，那麼黎元洪肯定不願意把自己的錢給吳佩孚，讓吳佩孚來吞併他，陸榮廷也不會願意把廣西的錢給廣東的陳炯明，陳炯明也不會願意把廣東的錢給廣西的陸榮廷。儘管他們都想當中華民國總統，但實際上的結果仍是分裂割據。

割據到一定程度以後，可能就會有很多人像是巴拿馬自由黨一樣。巴拿馬自由黨原本是大哥倫比亞自由黨，但大哥倫比亞出了像袁世凱這樣的獨裁者，他想要用專政的手段取消自由黨在選舉中取得的勝利，然後自由黨就像是國民黨占據廣東反對袁世凱一樣占據了巴拿馬，企圖打回哥倫比亞，但最後他們發現打不回去，就索性獨立出來，建立一個巴拿馬共和國。烏拉圭共和國也是這樣建立起來的。

所以，即使你是真的實現了一個克倫斯基式的自由民主共和國，讓共產黨垮臺了，即使你容忍新疆、西藏這些地方都去獨立建國了，但在明朝留下的十八省你仍然要面臨兩種選擇：一個選擇是讓袁世凱或普丁這樣的人，以維持秩序為藉口，重新打著共和國的名義，實行一種比較溫和的專制，恢復所謂的歷史光榮。另一個選擇是容許黎元洪或吳佩孚這樣的地方勢力，讓他們建立地方的統治權，而這些統治權早晚會像巴拿馬和烏拉圭一樣，把整個東亞解構為分裂的局面，這個局面就是我所謂的「諸夏」。

哪一種選擇更好，主要看你的價值觀。我之所以覺得諸夏更好，是因為一系列分裂的小國比較容易維持自由民主。即使一個地方出了一個袁世凱，別的地方還可以出現陳炯明。山東如果出了張宗昌，也不妨礙廣西出一個李宗仁。他們相互競爭，比較開明的體系就會占便宜。在比較專制的體系混不下去的人，就可以到比較開明的體系去混。

實際上，歐洲之所以能實現自由民主，跟歐洲的分裂有很大的關係。一個地方出現專制統治者，那麼資本與人才都會跑到其他比較開明的地方去，然後在其他開明政權的競爭之下，專制政權自己就會維持不住。

如果它也是一個大一統政權，那麼天地之間你無所遁逃，就像羅馬帝國晚期一樣。即使歐洲人（羅馬人也是歐洲人）在建立了大一統政權以後，也是愈來愈走向專制。羅馬殘餘的元老都說，羅馬人愈來愈像東方人了。在大一統的格局下，它沒辦法擺脫。以前希臘羅馬各城邦爭霸時，如果有人敢這麼做，早就把自己做垮了。

所以，與其等一個袁世凱或普丁這樣的獨裁者來重新統一，還不如按照諸夏的路線，讓它們像拉丁美洲各國或像歐洲國家一樣分別建國，在相互競爭的多國體系之中，透過相互競爭來維持自由民主。

Q 民國派的口號是「驅除馬列，恢復中華」，從中華民族主義的角度來鼓動，因為這種中華民族主義情感很多人都有，是最能鼓動集體力量的。您如何評價？

這樣就有潛在的危險性了。你如果看看民國最初幾年的國民黨，沒有理由認為它會變成一個列寧式政黨，或說它自己也會實施專制。但它從早期孫中山走向晚期孫中山，最終走向蔣介石，就是因為它這種動員方式一開始就有弱點。這個弱點在它還沒有成功時不太明顯，成功以後就自然暴露出來了。

它用這種方式動員，自然不能容忍軍閥割據。其實有很多開明的軍閥，像陳炯明之類的，都比後來蔣介石的一黨專政更自由民主，更有可能產生出自由民主政權。但從它那種構建民族的方式來看，它顯然容不得陳炯明這樣的人。結果，當它發現各地勢力都壓不住時，就採取統一高於民主的做法，甚至不惜依靠蘇聯人支持去搞一黨專政了。所以這種動員方式一開始就有危險。

同時，它也不是唯一可行的方式，因為民族本來就是菁英構建出來的。廣東人說話，上海人聽不懂；上海人說話，河南人聽不懂。這三種語言的差別，肯定比丹麥語、挪威語和德語之間的差別要大。丹麥語最初創立時，德語的創始人格林兄弟（就是《格林童話》的格林兄弟）就說，你們丹麥語明明是我們德語的一種方言，為什麼要另外創造語言？如果他的背後有蔣介石這樣的人物，那麼德國就要為了統一丹麥、捷克、瑞士而不斷發動戰爭，最後走向專制主義。這樣根本沒有必要。

其實，中國絕大多數的方言，從分量上來講，跟歐洲的語言沒有區別。義大利語跟加泰隆尼亞語只有幾個詞的區別。就連英語和西班牙語這樣的大語種，幾個主要單詞例如hospital也沒有區別；即使沒有學過西班牙語，你一看也知道是什麼意思。按照中國的標準，這些豈不是都要變成方言？製造一種新拉丁語作為普通話，把它們重新統一起來，這樣做不僅沒有必要，而且對自發秩序有著極大的損害。

歷史的錯誤最好不要重演。你如果在坑裡摔一跤，你下次走路再看到那個坑，你至少應該繞著走。你不能上次摔了跤，下次還要直著脖子，非要在那個坑上重新走一次。聰明人都應該說，我雖然不能避免犯錯，但同樣錯我不再犯第二次。

Q 您對「驅除馬列，恢復中華」這樣一種以民族主義做社會動員的方式，是持否定態度的？

是。共產國際是外來征服者，這跟蒙古和滿洲征服東亞有很多相似之處。它也確實是從內亞這個方向、依靠滿洲蒙古的資源進入東亞內地的，所以這一方面它們有相似之處，存在一種歷史上的深層結構。

蘇聯是以俄羅斯為基礎的，俄羅斯在歷史上是蒙古帝國和內亞帝國的一個重要繼承者。它是雙頭鷹，西面這個鷹繼承拜占庭帝國，號稱第三羅馬；東面這個鷹繼承了蒙古韃靼國家。

俄羅斯的自由派在這方面也就解決不了這個問題，因為莫斯科繼承了蒙古帝國的專制主義，如果不把這個專制主義刨出去，俄羅斯就很難得到自由，但它們也是受限、迷失於大一統主義，始終解決不了這個問題。

所以，把馬列當作蒙古、滿洲的繼承者，有一定的歷史依據。但你不要因為這個歷史依據，就重新落入歷史的陷阱：為了驅逐一個大一統帝國的結構，又重新把它的幽靈以另一種形式換回來，結果把自己送到了對立面去，把自己變成了自己最初想要推翻的人，這是何苦。

Q 中國的民族發明是靠哪個階級來完成的？

本來就是梁啟超和胡適所代表的那個讀四書五經、後來發明了白話文的士大夫階級。如果講法語的啟蒙知識分子代替了講拉丁語的教士，但仍然把全歐洲統一起來，就會是那樣。

但這個階級是很脆弱的，他們沒有能力維持一個巨大的國家。他們只能在文化上籠罩住一部分，但在政治上籠罩不住。

這就是為什麼中國只能由黨國來統治。只有列寧主義更加嚴密的統治形式，才能把本性四分五裂的結構在政治上統一起來。但列寧黨在文化上是建構不起來的，因此雙方形成了一種狼狽為奸的關係。

Q 為什麼幾千年以來，中國會有持續的大一統狀態呢？是因為技術比較集中，還是儒教的深遠影響？或是有一些地理因素？相比之下，歐洲似乎沒有這樣。

何以見得幾千年一直是大一統呢？這都是建構起來的。

統計一下，當然是獨立的時間長，統一的時間短。但如果你用各王朝先後連續的敘事方式，你就可以製造出「統一、統一、統一，接著是改朝換代的戰爭時期，暫時分裂一下」的幻覺。

你如果使用同樣的「技術」，那麼拜占庭帝國、鄂圖曼帝國一脈相傳，統一的時間可要比宋元明清長得多，而保加利亞、羅馬尼亞才分裂了多少年。

這就是建構。同樣的歷史材料，你可以用不同的方式來敘述。你可以讓讀者以為重點是在貞觀、開元那幾十年，而貞觀、開元、康乾盛世之間的那些東西都是微不足道的。也就是從第一個重點直接跳到第二個重點，一路跳過來就行了。

當你換一種敘事方式，從三星堆一路跳到公孫述，你立刻會覺得巴蜀利亞自古就是一個獨立國家，只是在獨立政權之間的短暫間歇期被萬惡的中國侵略了那麼幾次，那都是微不足道、極其短暫，可以一筆帶過的。這就是歷史發明家的工作，也是公立學校教育所需要達到的效果。

Q 中國有很悠久的大一統傳統。在這個前提之下，中國是否存在建構現代國家或憲制國家的可能性？

嚴格來說，不是中國有悠久的大一統傳統，而是中國文明多次透過大一統實現了完全的社會解體，然後在人口滅絕的基礎上重建。

中國的居民是沒有延續性的，大一統之後就是大規模的戰爭和滅絕，然後一而再、再而三地重建。整個東亞最近一千年的歷史，就是在這種不斷的震盪中度過的。無論是大規模滅絕性戰爭，還是大一統專制體系，都不利於自治團體的建立，所以它基本上沒有這種條件。

條件最有利的時期，實際上就是西方殖民主義者統治的時期。西方殖民主義者暫時制止了原先常見的滅絕性戰爭，使原有的各個團體多多少少得到了生存和發展的權利。但殖民主義一離開，舊戲肯定重新登場。按照原有的遊戲規則，勝利者肯定會對失敗者發動滅絕性戰爭，重演文明滅絕和重建歷史。

Q 在中國現在這種大一統版圖的前提下，有沒有建構憲政國家的可能性？

不可能。

為什麼蔣介石不能發展資本主義，陳炯明就行？假如陳炯明的廣東獨立政權搞成了，那麼本地財源供應本地士兵，這個體系是能自我維持的。它可以自我維持幾十年時間，保護民間的資本主義慢慢長大。

但蔣介石要實現那個任務，必須把四川全部的壯丁送到前線去，必須把上海資本家的最後一滴油榨出來，即使如此還不夠用。你設計的這個任務所需要的資源是極其可怕的，需要把整個社會抽乾。

僅僅為了這一點，國民黨就必須讓位給共產黨，因為國民黨的榨取能力還不夠強。

Q 中國是否存在以方言為基礎的各個漢語語族民族，類似日爾曼語族的英格蘭民族和荷蘭民族？

漢語是一九二〇年代以後才發明的。在明帝國和滿洲帝國統治時期，並沒有漢語。東亞現在的人口結構，比較晚的要到十九世紀才形成，最早的也只有五、六百年。現有的各個語言群體，最早的也不會超過五、六百年。實際上，能夠考察的那一部分，多半只有三、四百年的歷史，比較晚的也只有一、兩百年。論時間，比歐洲少得多。

現在你所使用的那種國語或普通話，是新文化運動在北洋和國民黨時代主管教育部的那一小撮知識分子製造出來的。他們主要是根據北京的滿洲方言來製造，而這個滿洲方言在清朝中葉是完全不存在的。

如果你到明朝弘治年間的北京去，你就會發現你現在說的這種普通話，當時的北京人沒有人能聽得懂。在曹雪芹寫《紅樓夢》的時代，這種語言才剛形成。清朝末年，它才算是基本穩固。到了民國初年，才構成被發明語言文字的基礎。

比起其他主要語言，例如以蜀語為核心的西南官話、吳語或粵語，普通話出現的時間並不更早。在一九二〇年以前，吳語或粵語的文學作品也更多一些。

這差異是很容易抹平的。關鍵在於，吳語、粵語、蜀語的知識分子肯不肯做這方面的工作。只要肯做，那麼在做的過程中會發現，以北京話為代表的這種滿語分支，其實相當貧乏。按照信息量來說，就跟揚州評彈所代表的江淮官話差不多，豐富程度肯定遠遠趕不上吳語和粵語。

吳語和粵語唯一吃虧的地方在於它缺少一個負責任的知識分子階級，以及沒有公立學校去推廣。如果不算人口，只算信息量、詞彙量，那麼吳語和粵語毫無疑問比現在的普通話強得多、更有生命力和發展前途。

Q 近代發明「中國」的過程中，感覺西方人起了非常關鍵的作用——以各種語言的「中國」稱呼遠東大陸，而且傾向於和統一的政府打交道。日

本也是如此。幾乎只有滿洲和吐蕃有自己的外文名片，而其餘地區只有拼音。所以說，中國的發明完全歸功於梁啟超和紅藍兩黨，是不是缺少了一些說服力？

這不能說明問題。一般來說直到十九世紀，歐洲人都稱呼整個伊斯蘭世界為「土耳其」。哪怕是鄂圖曼帝國根本沒有征服的地方，只要是穆斯林，歐洲人都把他們叫做「土耳其人」。例如東印度的穆斯林，血統上既不是阿拉伯人也不是突厥人，也不是在土耳其帝國的管轄之下，歐洲人還是叫他們「土耳其人」，但這並沒有使他們發明成一個整體的土耳其民族或伊斯蘭民族。

歐洲人的稱呼也是各式各樣的，有「中國」、「印度」、「土耳其」這樣的整體稱呼，也有各種局部的稱呼，除了「亞美尼亞」、「廣東」這樣的小邦稱呼，連「伊斯肯德倫」（iskenderun）這樣的彈丸之地都有單獨的名稱，關鍵看你怎麼發明。如果你要發明，證據和材料多得是。

再說沒有外文名片這件事，你肯定是孤陋寡聞了。像閩南這樣只有幾個縣的地方，英語裡都是有專門名詞的。南方的各個小方言團體、喀什噶爾的六城地區、東幹這些人數不多、地方也不太大的小地方，都是有專門名詞的，只是你沒有仔細去查而已。

歐洲傳教士和近代俄國人用拼音方式，把各種方言變成拉丁化的語言，至少就有幾十種。論產生的時間，它們比胡適、周作人搞的新文化運動要早好幾十年。最早的白話文小說都是用這種拼音方言文學寫成的，只不過你被現在經過修改的歷史遮掩住了，以為一九四九年以前，除了文言以外就沒有別的語言。其實那些傳教士設計出來的拼音化地方語言，才是真正類似高地德語、聖經德語、托斯卡納語這樣的民族語言。

Q 中國在鴉片戰爭與北伐戰爭期間，失去了兩次歷史升級的機會，而日本則兩次搭上了歷史快車。這種路徑是不是一直延續到今天？改革開放和九〇年代民主的失敗，意味著中國又錯過了歷史機會？歷史路徑是在什麼時機下鎖定的？

根本不算機會。只要中國保持帝國結構，而且比起東南亞和東北亞，地理位置又在離主要文明傳輸通道更遠的偏遠地帶，那麼這樣的事就無法改變，也很難避免。

如果鴉片戰爭發生時，廣東是一個像暹羅那樣的獨立國家，那它現在很可能已經是一個暹羅了。但擁有中原地帶的那個帝國，實在不可能有其他結果。在北伐戰爭的時代，如果廣東掌握在陳炯明手中，也許廣東會成為另一個暹羅。但在這種假定的歷史中，陳炯明不做的事，馮玉祥會做，所以中原地區和靠近蘇聯的那一片地區，仍然改變不了同樣的結果。而且，即使廣東在這樣的情況下或在類似的情況下選擇了暹羅的道路，暹羅也不太可能超過日本，這是因為日本有一種類似歐洲的封建結構。

從表面上看，好像有其他選擇機會，但從十六世紀以前早已存在的歷史結構來看，基本上是無法改變的。你如果要修改歷史命運，頂多只能把廣東和福建這樣的地方變成閩越國或南粵國，像是泰國和馬來西亞這樣的國家，然後大家就會以為，它們的命運跟泰國和馬來西亞一樣，本來就是東南亞的一部分，跟中國沒什麼關係。

但以「中國」洛陽城為中心的這個核心地區，從史前時代就一直存在，一直處於歐亞文明傳輸線的末端。它們現在仍然存在，它們的命運仍然會跟今天中國的命運相去不遠。也就是說，無論你怎麼選擇，它們都會選到最壞的一張籤。

Q 您怎麼看「中華民族」？

按照安德森（Benedict Anderson）那種理論，中華民族就會是一個典型的官方民族主義（official nationalism）。它設計的目的跟大俄羅斯主義和鄂圖曼主義是一樣，就是要在多族群構成的前現代帝國當中，培養出一種超族群的認同感。

當俄羅斯帝國、鄂圖曼帝國和大清帝國這樣的多族群帝國進入近代世界時，馬上會面臨一個認同問題。它如果始終停留在前現代世界，那它是不需要臣民認同的，只需要效忠和統治就夠了。

但近代的歐洲核心國家強調認同和共同體概念，於是這些後發的帝國就不得不在自己的境內培養認同，否則境內各個族群一旦生出自己特殊的認同，帝國就要解體了。

例如鄂圖曼帝國境內有希臘人、阿拉伯人、土耳其人，如果希臘人認同歐洲超過認同鄂圖曼怎麼辦，帝國豈不是要失去希臘了？如果阿拉伯人認同麥加超過認同君士坦丁堡，帝國豈不是要失去敘利亞了？如果亞美尼亞人認同東正教的莫斯科超過認同君士坦丁堡，帝國豈不是要失去亞美尼亞了？

解決這個問題的辦法，其中一種是建立官方民族主義。也就是說，以現行的帝國邊界為依據，把邊界內的所有族群都強行捏合為一個假定的國族共同體，希望用這種人為的方式，把本來沒有親和力的各個族群糅合起來。例如亞美尼亞人、希臘人、阿拉伯人、土耳其人，今後全都是鄂圖曼民族，這就叫鄂圖曼主義。同樣也可以有大俄羅斯主義，即俄羅斯帝國境內的波蘭人、格魯吉亞人、烏克蘭人和其他種人，你們全都是大俄羅斯人，你們原有的族群身分都不重要。

中華民族就是同一種建構方式的產物。梁啟超發明的中華民族概念，就是因為他跟革命黨論戰時，提出了一個大清應不應該解體的問題。

我們都知道，孫文也好，汪精衛也好，章太炎也好，他們的立場是，為了揚州十日、嘉定三屠，我們一定要打倒滿洲來的皇帝。因為他不是自己人，所以要趕出去。

而梁啟超要求實行君主立憲制、保留大清皇帝的統治，他的論證是這樣的：如果你們真的把皇帝推翻了，那麼不可避免會發生解體和戰爭，因為大清皇帝不僅是十八省的皇帝、蘇州的皇帝，同時也是蒙古、滿洲、回部、西藏和其他各個多族群的皇帝，就跟鄂圖曼帝國和俄羅斯皇帝有多元身分一樣。

如果你把大清皇帝打倒了，那麼你要不要讓滿洲、蒙古這些地方統統建立獨立國家？如果你的意思是這樣，那你實際上就是要大清解體。但根據歐洲和歷史上的其他經驗，帝國解體以後建立起來的各個繼承國，不可避免會透過戰爭來解決問題，何況外面還有歐洲列強。這些繼承國必然在列強當中尋找靠山，然後你打我、我打你，東亞的流血就不可避免了。

梁啟超於是建議，我們最好不談滿漢矛盾、族群矛盾，乾脆以大清帝國現有的邊界為標準，把帝國裡的各種居民，無論是穆斯林、藏傳佛教信徒、儒家信徒還是朝鮮人，統統不管原有的族群差異，一概認同自己是一個新的中華民族，把大清帝國改造成新的中華帝國，實行君主立憲制，把大清皇帝改成中華帝國的立憲君主，一切問題就解決了，我們可以不必流血而文明地進入現代世界。

我們都知道，梁啟超和革命黨的衝突，並不是依靠嘴上和理論上的正確性來解決，而是依靠武力來解決。無論如何革命是爆發了，大清帝國是解體了。接下來，中華民國的幾十年，以及對日本和蘇聯的種種戰爭和衝突，其實歸根結柢還是一個認同問題。

大清留下的攤子應該怎樣重組？是不是還要按照梁啟超時期的中華民國重組？還是乾脆不管了，讓日本人去建立滿洲國，讓蘇聯人去建立蒙古國，讓各人去建立各自的國？無論理論上誰優誰劣，最後的結果是蔣介石和他的政府認為，寧可打爛南京和上海，也絕不能放棄滿洲。即使付出一切代價，都要維護大清帝國留下來的這一片江山，於是就產生了二戰和一九四五年的版圖。

這個版圖實際上可以說是恢復大清帝國遺產的慘烈企圖。你注意世界歷史就能看出，這樣的企圖是非常特殊的。凱末爾在革命成功、建立了土耳其以後，他做的第一件事就是放棄鄂圖曼帝國的其他各地，讓希臘人、敘利亞人、其他地方的人要怎樣就怎樣，而他只在土耳其核心地帶建國。俄羅斯、神聖羅馬帝國在近代化的過程中，也都走上了這條路。

只有中國是例外。除了外蒙古這個特殊例子之外，中國大體上採取了不惜一切代價恢復、維持大清版圖的路線。也正是因為這一點，所以中國目前仍然沒有辦法進入近代世界。

所謂的國強民弱，就是這個道理。臺灣跟美國不能互派大使，只能派出代表，只能建代表處，不能建大使館，但臺灣人去美國一點問題都沒有。而中國在這方面，儘管在華盛頓有正式的大使館，還擁有核武器，好像在外交、軍事層面上能與美國有效交涉，但在國民層面上，普通中國公民要憑中國護照到美國，卻是千難萬難。好像中國國民沒有進入現代世界，而中國政府倒是進入了。而臺灣呢，儘管在政府層面受到歧視，但臺灣國民卻是理直氣壯進入了現代世界。

這其實也是有原因的。中國能有核武器和其他東西，有賴於中國政府能有效汲取中國社會的各種資源用於外交和軍事，而這個汲取機制迫使普通百姓沒有辦法發展現代社會必要的那些經濟文化生活，沒有辦法享有西方民主國家社會理所當然的那些權利。

如果中國普通百姓都有了這些權利，第一，擁有權利的國民必然會把大部分財富用於改善自己的生活，而不會用於搞核武器或搞富國強兵那一套；第二，這些居民必然會更重視自己的文化特色和地方認同，大清帝國的版圖能不能保持都很成問題。直截了當地說，中國一方面要保持大清帝國的版圖，一方面又要做軍事強國，那就只能犧牲自己的國民；而臺灣則是走上了相反的路。

中國這條道路會走進死胡同，因為只要你的國民永遠處在一種置外於世界的道路上，無論你有多少核武器，你都不是國際社會體面的一員。朝鮮有了核武器，它難道就變成一個像樣的現代國家了？顯然沒有。所謂「落後要挨打，軍事不強就不行」，這種說法是神話。

中國走在這條路上，是把自己卡住了，進不能進，退不能退。無論你在軍事上再怎麼講大國復興，但你還是沒有辦法改變自己和世界主流文明的結構性衝突，這個問題其實比臺灣問題要大得多。而臺灣實際上在國民層面已經建立了，但在國家層面上沒有得到適當的符號性承認，這就是一個認同政治的問題。現在雙方都進入了死局。

武斷預言不恰當，我只能說，根據十九世紀以來的歷史經驗，多族群帝國向民族國家進行轉型，出現這樣的死局，一般來說很難有善果。東歐也好，西亞也好，出現這種情況的國家和地區，在大多數情況下都需要經過慘烈的流血才能解決問題，歐洲也是流了很多血才走到現在這一步。

Q 中華民族英雄有沒有一個比較穩定的階級基礎？

可惜沒有。中華民族沒有堅實的基礎，中華民族英雄當然也不會有。他在黃俄集團內部是孤立的，在改革開放幹部面前是孤立的，在溫和派中國人面前也是孤立的。除了投機分子以外，沒有別人。

他唯一比較穩固的基礎，就是他在福建和浙江官場內部做官時的同事。這種同事關係一點也不靠譜，頂多達到北洋軍閥之中段祺瑞和馮國璋的那種友善關係，根本不足以形成穩固的基礎。這樣的組合，頂多形成蔣介石黃埔軍校那種級別的組合。勝利時能勉強維持，失敗時四分五裂。

由於中華民族本質上就是無產階級組成的假民族，沒有資產階級的凝結核，所以中華民族就是無產階級組成的流沙，跟中華民族英雄所依靠的官場勢力一樣，是只能勝、不能敗的。

Q 宋亡以後，朝鮮和越南都認為自己才是中華，鄙視認賊作父的淪陷區。那麼梁啟超在發明中華民族時，是怎麼把朝鮮和越南排除在外的？如今朝鮮和越南成功脫離了中華民族，更加奇葩的是中國也不認可朝鮮和越南是中華民族的一部分。請問朝鮮和越南是否是最早成功脫離中國的例子，而且正因為太成功，所以也被中國士大夫避免提及？

主要是因為當時已經是甲午戰爭之後，所以鄂圖曼主義是沿著清國邊界展開的。而漢族主義者經常是主張種族滅絕滿蒙，在他們擬議的亞洲霸權實現以後，把這些華夏文明過去薰陶過的地方，透過泛亞洲主義的方式重新整合起來。章太炎和孫中山都有這樣的看法。

鄂圖曼主義者要希臘和阿拉伯，但不一定要中亞的藩屬國；而泛突厥主義者則一定要中亞的藩屬國，卻不見得願意要希臘和阿拉伯。這就是兩種不同的建構方式。

當然，等到鄂圖曼帝國解體以後，古老的鄂圖曼主義失去了固定邊疆，跟泛突厥主義就逐漸合流了。像現在的艾爾段（Recep Tayyip Erdoğan）政權，就同時具有鄂圖曼主義和泛突厥主義的傾向，而兩種主義在它那裡已經不再有明確的邊界。舊的鄂圖曼主義因為是產生在鄂圖曼帝國和大清國還沒有瓦解、還具有一定現實政治資源可以利用的情況下，所以還必須依託清國的邊界。

Q 中華民族是不是一個共同體？

簡單地說，這裡面有兩個集合：一個集合是共同體，這是一個大的集合，包含很多共同體，例如宗教共同體、民族共同體和其他的共同體；共同體這個大集合裡有一個小集合，叫做民族共同體。如果某個東西不是共同體，那它肯定不會是民族共同體。

共同體的存在要符合很多條件，有一個必要但不充分的條件是內外有別，你必須對共同體內部的人比對共同體外部的人更好，這樣共同體才會存在。但中華民族不具備這個特點，而維吾爾人、潮汕人、閩南人具備這個特點。如果我要騙人，不會騙我的同鄉，但我可以毫不猶豫地騙河南人。這說明什麼問題？河南人在你的圈外，而閩南同鄉在你的圈內。

憑這一點就能證明，中華民族或漢族都不是共同體，因為不符合共同體基本定義，就是內外有別。如果它連共同體都不是，那它更不可能是民族共同體。民族共同體全都是共同體，儘管共同體不都是民族共同體。一個連共同體都不是的東西，更不可能是民族共同體。

Q 您最大的貢獻就是消解了「中國」、「中華民族」概念，非常有衝擊力。我們知道，「中華民族」這個概念是梁啟超提出來的，但這個概念延續到現在也產生了很多問題。您覺得「中國」、「中華民族」存在的合理性，到底應該受到哪些質疑？未來民主化的東亞地區是不是一個諸邦林立的聯邦共和國，或是您理想中多個國家綜合起來的一個地區？

有些人反對解構中華民族，是因為他把中華民族當成先天存在的東西。但民族主義不是先天存在的。歐洲的民族主義是在法國大革命以後才興起。

民族主義是跟著社會政治來發展。政治原本由上層人士壟斷，後來現代政治由廣大人民一起參與，民族主義是配合這種發展而產生。為了讓廣大人民參與政治，必須減少上下之間的溝通阻力，所以要有民族語言、縮小共同體的邊界。在這個過程中，應該建構哪些民族，不該建構哪些民族，彼此之間有競爭。

就拿歐洲來說，有大德意志和大俄羅斯這樣的大民族主義，也有泛斯拉夫和泛日爾曼這樣的文化民族主義，也有小德意志、小俄羅斯、波蘭和愛沙尼亞這樣的小民族主義。三種模式競爭的結果還是小民族主義勝利，因為大民族主義和文化民族主義的不合理性實在太明顯了。

例如，若你是一個波蘭人，你就面臨三種不同選擇。第一種是泛斯拉夫主義：我們波蘭人、俄羅斯人、烏克蘭人都是斯拉夫人，應該建立一個政治共同體。還能選擇大俄羅斯主義：不管你是不是一個文化共同體，只要是沙皇統治的地方，我們都要建立一個民族共同體。也可以選擇小民族主義：我們波蘭人在各方面都是歐洲水準，比莫斯科的水準高，更比塔吉克和內亞各邦的水準高，所以我們不應該跟你們在一起，我們應該建立波蘭民族，回歸歐洲。

最後波蘭人選擇了波蘭民族主義，因為邏輯和執行都比較合理。如果搞大俄羅斯主義，那等於是東正教徒、天主教徒和中亞的穆斯林要共同組織一個民族國家，憑常識就知道難度很大。

沙皇能做到，是因為一切政治事務由沙皇和貴族來管，穆斯林、基督徒統統靠邊站，這樣是可以的。但如果要搞現代政治、搞民主，人民一參與的話，那麼塔吉克的穆斯林、莫斯科的東正教徒和波蘭的天主教徒差別太大，彼此合不來，還不如分別建國。

鄂圖曼帝國也面臨同樣的問題。文化民族主義要求把俄羅斯的土耳其語地區也加到鄂圖曼帝國。鄂圖曼主義要求鄂圖曼蘇丹統治的所有地區建立一個民族。凱末爾的小民族主義要求土耳其人建立一個民族就行了，其他的阿拉伯、希臘人則統統獨立出去。

換到中國，三種模式同樣存在。梁啟超主張的中華民族，相當於鄂圖曼主義和大俄羅斯主義。它的邏輯是這樣的：儘管我很清楚廣東人跟滿洲人、蒙古人的差別實在太大，廣東人在文化上講是儒家文化的一支，跟日本和韓國差異還比較小，但跟滿洲、蒙古、穆斯林和西藏的差別則很大，但如果把大清解散了重新建國，很麻煩的，弄不好還要打仗，我們為了免去這些麻煩，索性就把大清帝國改成中華民族就行了。

文化民族主義就是泛華夏主義，它的邏輯就是汪精衛那種主義。汪精衛的主義是什麼？早期國民黨的主義是什麼？日親滿疏。日本、韓國跟我們是一家人，都講孔子之道，這就好像中亞的塔吉克人、烏茲別克人跟土耳其和伊朗的關係比跟俄羅斯的關係親近。他們認為建國應該是把諸夏和諸亞分開，諸夏跟日韓連成一片，而諸亞呢，把滿洲蒙古那些趕出去，讓它們自己建國。

這就相當於泛斯拉夫主義和泛日爾曼主義的觀念。而我提出的諸夏和諸亞，相當於波蘭民族主義和凱末爾主義的觀念，就是像畢蘇斯基和凱末爾主張的那樣，大俄羅斯帝國和大鄂圖曼帝國統統解體，內部的各個文化共同體各自建立自己的民族國家，這樣操作起來最簡易，成本最低。

你也可以看出，在俄羅斯和土耳其，這三種主張是勢均力敵的，有大俄羅斯主義者，有泛斯拉夫主義者，也有小俄羅斯主義者；在鄂圖曼帝國，有泛突厥主義者，有大鄂圖曼主義者，也有小土耳其主義者。而在中國，自晚清以來占優勢的是，相當於鄂圖曼主義的中華民族主義，以及相當於泛斯拉夫主義的華夏民族主義，而我主張的諸夏諸亞的小民族主義，是一個很邊緣的看法。

在辛亥革命前後，是有一些人也提出廣東獨立或滿洲獨立的觀點，但他們的勢力都不算太大。而我在漢語這個思想界，勢力也不算太大。這就說明，中國或東亞在世界歷史上的地位比較邊緣。歐洲的思想是首先在歐洲實現，然後在俄羅斯和土耳其實現，最後才傳到東亞的。

這跟歷史發展的順序也是差不多。自古以來，西亞歐洲區、環地中海那個區域是連在一起的，照漢文史籍的說法就是「古所謂陳留，四通八達之地」，一直是文明的中心，《聖經》和《古蘭經》都在那裡產生，而東亞、南亞、非洲是比較孤立的地區。

東亞和南亞都是透過內亞這個旋轉門，才把西方的技術輸入進來，所以古代的趙武靈王胡服騎射是輸入西亞的技術，而近代蔣介石和曾國藩、李鴻章引進洋槍洋炮，也是學習西方的先進技術。比歐洲的核心區晚了兩拍，比土耳其帝國和俄羅斯帝國晚了一拍。首先是歐洲和西方，其次是俄羅斯和土耳其，最後才傳到東亞。

武器和技術是這樣，思想也是這樣。武器和技術的時間差，我們就不說了，一看就知道。土耳其帝國編練新軍和推行改革的時間，比中國的同光中興要早上幾十年。從思想上來講，克里米亞韃靼人開始推行泛突厥主義是在一八六〇年代，而梁啟超和汪精衛在東京搞華夏主義和中華民族主義時，已經是一九〇五年和一九一〇年了。無論是武器技術這些硬體，還是思想文化這些軟體，都是東亞比西亞晚了幾十年，比歐洲晚了不止一百年。

所以我也能合理推論，如果我剛才提出的這個歷史順序沒有錯，那麼中華民族主義和華夏民族主義也將像大俄羅斯主義和泛斯拉夫主義一樣，最初風光幾十年，但因為實際行不通、不斷碰壁，最後會被凱末爾主義和畢蘇斯基主義取代。

而我所代表的就是凱末爾主義和畢蘇斯基主義的先聲。在這個歷史關鍵時刻提出這樣的主義，在將來歷史上的重要性，就會像梁啟超在一九一〇年代提出中華民族主義，剛提出時微不足道，但由於時勢的發展對你有利，最終仍會變成顯學和主流思想。

Q 能否請阿姨談一談漢族構建的始末？為何相對來說十八省還是有一定的漢族認同？

自古以來只有漢人的說法，沒有漢族的說法。金代把漢人、遼人和南人區別開來，指的是三種不同的狀態。

遼人指的是過去遼帝國統治的那些地區，包括燕雲十六州和燕雲十六州以外的農耕居民。其實按照唐代的標準來看，他們恐怕還算不上夏人，甚至算不上魏晉衣冠的體現者。為什麼後來會在契丹人那裡，得到「遼人」這樣一個不同於「國人」的稱呼，這涉及非常複雜的認同糾紛，跟唐帝國、高句麗和渤海的認同政治都有關。

而南人在女真人的體系中，也不是後來蒙古帝國所謂的江南人，而是在三元政體之下，由汴梁的行臺[22]所管轄的那些人。

在這兩者之間剩餘的那些郡縣制居民，往往被稱為漢人。這個「漢人」是一個文化意義上的稱呼，從種族、血統來講也是五花八門的。

明代的居民一般來說不用漢人，他們的自稱和被稱都是吳人、粵人、楚人、贛人這類的稱呼。明末的結黨很明顯反映出他們的文化共同體在什麼地方，即楚黨、吳黨諸如此類的黨派。

入侵以後所謂的二元體制，是在清朝後期才被發現的。清朝前期是一個多元體制，不使用漢人這個稱呼。清朝晚期出現漢人這個稱呼，主要是太平軍起事以後，跟太平軍對立的湘軍集團，為了在清廷內部爭取更大的官職任免權所採取的策略，跟現在香港泛民採取的策略差不多。他們一定要說太平天國是打著大漢衣冠的口號來復辟，所以大清為了防止大漢衣冠的復辟理論，必須對他們所代表的儒家士大夫勢力做出讓步，也就是分給他們更多的官職。

其實這個說法不準確。太平天國的第一手資料是基督教的邪教味很濃，白蓮教味、民間宗教味也很濃，而儒家性、華夷之辨的說法則幾乎找不出來。這些說法在左宗棠、曾國藩這些人手裡倒是非常發達，因為從儒家學術來講，他們就是王船山和明末各大儒的後代。從學術理論方面來看，湘軍、淮軍和附屬湘軍淮軍的這幫知識分子，才真正是近代所謂的漢族文化民族主義的始作俑者。太平軍那些人反倒不是，他們比較像是西洋化或波斯化的基層群眾。

此後幾十年，清廷內部的官職任免權鬥爭日益激烈，在野的知識分子才進一步發明了炎黃子孫這個說法。這時已經是一九〇五年以後東京留學生的時代了。正是東京這批留學生，提出了大漢天聲、大漢民族和滿蒙內亞入侵者對立的各種相關概念，時間已經比暹羅人和印度人搞民族發明要更晚一些。

也是在這個時代，原先從漢到清一直沒有被人重視的黃帝、炎帝這些族群神話，以及長期作為反面教材的洪武帝、漢武帝這些人物，才被拿出來做民族發明的素材。如果有漢民族這個說法的話，那就是清末民初的這幫皇漢黨人，他們在同盟會和革命黨中占據了相當的比重。

22 又稱行尚書省，指中央政府派駐地方的臨時或半永久行政機構，主要用於軍事征伐、戰時行政管理，或在新征服地區設立統治機構。

但我們也不要忘記，這時的這種民族發明是相當混亂的。最初最積極主張排滿和泛漢民族主義者的這批人，同時也是湖南、巴蜀、雲南、廣西這些地方第一批地方民族主義的提出者。

他們在前後非常短的幾年，也就是三、五年之內，同時支持湖南、雲南的地方民族主義，反對大中華民族主義；另一方面又主張他們稱為是大漢的小華夏主義，以這種小華夏主義為武器，來反對滿蒙主張的大中華主義。他們只在一點上是可以確定的，也就是他們反對以滿蒙為代表和以袁世凱為代表的大中華主義。

但這種建構有沒有深入到基層，例如說湖南語或巴蜀官話之類的基層群眾當中，是非常可疑的。

直到三〇年代以後，教育普及以前，這些地方的方言作者主要是依靠民間謠曲來維持自己的認同。這些民族發明家對他們的影響，可能不如當地傳統的民間宗教傳承人（例天師、巫師），也不如新傳進來的基督教所發明的方言文學。

我們可以說，五四新文化運動之所以要重新搞一套國族發明的東西，很大程度上就是他們感到自己在這方面的缺陷和認同壓力。

這一段時間的歷史，基本上是由極少數文人記錄下來的，因此我們很容易誇大它能所代表的真實層次和範圍。

Q 您說漢族的發明是從晚清開始的，但西漢到東漢將近八百年，算是什麼民族？冉閔號召漢人殺胡人，他們算什麼民族？元朝把人分為蒙古人、色目人、北人、南人，他們算什麼民族？如果您的漢族定義不同於我們常見的漢族定義，那您應該事先說明。即使說明了，也應該解釋這種定義到底有什麼意義。

漢人和漢族完全是兩碼事，漢人本來是指漢朝的臣民。

作為政治共同體的民族，這個概念是近代歐洲發明的。以前只有文化意義上的族群，而這些族群跟現代民族的關係從來都是模糊不清的。羅馬人是近代米蘭人的祖先嗎？我們從血統可以看出不可能，其實他們是日爾曼征服者的後代。

根據我對漢字古籍的了解，冉閔那個時代的一般說法是「胡晉人口」，而不是「胡漢人口」；就算有，也是極少。「胡晉人口」的「胡」是胡人，「晉」是晉朝，說的是胡人的人口和晉朝臣民的人口。這兩者之間確實有過多次衝突，胡人之間也是。冉閔在宮廷政變以後屠殺原先的統治者，但他不可能是為了漢族的利益而做這件事，因為當時只有晉人，沒有漢人，更不存在什麼漢族。

蒙古把金國臣民叫做漢人，把金國的公主叫做漢公主，把宋朝的臣民叫做南人。蒙古是根據習慣法來統治，宋人和金人的法律不一樣。金人主要使用唐律，再加上女真人原有的習慣法，宋人的法律在唐以後已有所演變，這是主要差別。而蒙古人為了節省統治成本，實行因俗而治的原則，也就是你原來用什麼法，現在照樣繼續用，因此產生了漢人和南人的不同。

從這一點你也可以看出，漢人和南人跟現在所謂的漢族完全不一樣。現在建構出來的漢族，不會承認湖南高地人和山東半島人屬於不同族群，但蒙古人說漢人和南人，很明顯認為他們屬於完全不同的族群。

現代的漢族構建，跟中華人民共和國的漢族構建還是有點不同。辛亥時期的滿漢構建是以山海關為界一刀切斷。後來被共產黨劃為土家族、苗族的這些人，在當時全是漢族。李宗仁、白崇禧、龍雲這些人在當時的標準來看都是漢族，但按照共產黨的劃分法（蘇聯式的劃分法），龍雲就是彝族了。

所以，民族發明學各有各的構建法，漢族有不同的定義。我剛才用的是從辛亥時期革命家一直到國民黨時期通用的那個定義。現在還是有很多海外華人在用這個定義，跟共產黨的漢族定義有所不同。

無論是哪一種漢族定義，都很難把它的歷史延伸到清末以前。它跟歷史上的漢朝或漢人之間的關係，只能勉強相當於羅馬人和現代義大利人的那種關係。在血緣上沒有連續性，這是可以肯定的。

冉閔時代晉人和胡人的後代，沒什麼機會能活得過元末明初的大屠殺。現在的戶籍記錄清楚顯示，無論以前發生過多少大屠殺，今天中國華北各省絕大部分的人口，都是在明朝初年從山西和察哈爾一帶遷入的。他們大概有濃厚的胡人血統，其後裔遍及今天的華北。在此之前住過那裡的居民，包括春秋時代孔子同時代的居民、漢朝與晉朝的大多數臣民，最合理的解釋就是，他們已經在歷次大滅絕中不復存在了。

你要用神話的力量去加強民族構建的力量，這是可以的，因為民族構建本來就是千奇百怪，任何神話都可能出現。這樣的解釋認為，從漢朝到民國時代，人口有連續性，雖然在學術上純屬胡說八道，但從神話的角度來講並不特別離譜，所以要堅持就堅持，無所謂的。

民族神話的主要作用，就是被菁英階級和知識分子拿來哄騙書讀得不多、被意見領袖所驅使的普通民眾，讓他們相信自己是理所當然屬於一個共同體。這恰好屬於柏拉圖所謂的「善意的謊言」。裁決「善意的謊言」是好是壞，並不是按照學術標準來判斷真偽或偽造程度，而是看它的政治目的是不是符合你的政見，再來看它的政治目的和手段之間是不是有明顯矛盾。

是不是符合你的政見這一點，因為每個人的政見不一樣，所以根本沒有統一標準，你認為是好的，我認為是壞的，除了吵一架或打一架以外，沒有別的解決辦法。

至於目的和手段之間是不是有明顯矛盾，我可以負責任地說，漢族發明的技術和漢族發明所要達到的目的是極端背離的。大多數民族發明的目的，是為了在政治上有利於發明家所在的集團，或是有利於發明家企圖建立的這個集團的菁英階級，而漢族的發明所造成的結果，恰好是把漢族發明的忠實支持者，趕到了今天馬來華人和臺灣的蔣介石支持者落到的下場，把他們從一度很有機會的地位，趕到了今天這種兩頭不是人、眼看就要走投無路的悲慘命運上。

所以從目的和手段的角度來看，從馬基維利主義只講技術、不講價值的角度來看，漢族是拙劣的民族發明。拙劣的意思是，它會破壞發明的目的，坑害接受這種發明的人；而好的民族發明、馬基維利意義上的優秀民族發明，是會讓這些人占便宜的。

第四章　諸夏

Q 您在解釋自己的體系時，經常使用「諸夏」、「諸亞」、「巴蜀利亞」之類的名詞和概念，能否解釋一下。

「諸夏」在最古老的儒家經典上就有了，即東周列國時代。周天子東遷後，原周朝的各諸侯國在面對其他不同文化的民族時，發現自己的文化有一定的共同性，而白狄、赤狄或楚國跟他們在文化上沒什麼共同性，於是提出了「諸夏」這個概念。「諸夏」指的就是各路諸侯，像是齊國、魯國，在形式上忠於周天子，在文化上有一定的共同性。所以就產生了「南夷與北狄交，中國不絕若線」、「諸夏親暱，戎狄豺狼」這樣的理論。

對照歐洲歷史也找得出這種理論，例如歐洲人就強調，基督教共同體跟伊斯蘭教是不同的，法國人雖然和德國人打仗，但我們都是基督徒，跟土耳其人入侵歐洲不一樣。土耳其人代表了一種異質文明，不僅是別的政權；而英國、法國和德國，是同一種文明的不同政權。

「諸夏」也是這種意思，指同一種文明內部的不同政權；各諸侯是不同的政權，但分享相同的文化背景。至於北狄、赤狄，不僅是不同的政權，而且跟它們分享不同的文化背景。所以「諸夏」這個概念自古以來就有，而且一直到明清時代都還在用。

一般來說，「諸夏」和「中國」是可以互換的詞，都是指文化上受儒家影響的地區或政權，既可以是分裂的，也可以是統一的。但即使是在大一統的時代，例如明清，民間的文人稱呼帝國內部、長城以內十八省這些地區時，仍經常稱之為「諸夏」。

但「諸夏」這個概念不包括長城以外、我稱之為「諸亞」的地區。照西方史家的一般說法，這個地區稱為Inner Asia，也就是內亞或內陸亞洲。東起滿洲松花江流域，越過山西高地，向西包括了關中盆地一部分地區，然後到青海、西藏、印度北部、伊朗的呼羅珊（Khorasan），然後向西延伸到烏克蘭大草原，這一整個廣大的地區就是內亞（其實包括了歐洲的一角）。

內亞是一個高度流動、四通八達的草原地帶，技術和資訊的傳播速度非常快。在十六世紀海路興起、海運量和傳播速度超過陸路以前，世界上傳播最快的就是草原商隊和騎兵。從烏克蘭到蒙古邊境，傳播速度非常快。

相反地，你若要從揚州到曲女城、印度，或是到伊朗西北的大不裡士（Tabriz），坐牛車或馬車，慢又麻煩。但如果從布達佩斯出發，經過烏克蘭大草原到伊朗文化的巴爾赫（Balkh），或是到東方的大都或平城，騎兵縱馬賓士，商隊在草原上沒有任何障礙物，那就非常快了。

所以在十五世紀以前的世界史上，內陸的作用就像近代史上的海洋。縱橫草原的騎兵，宛如七海上的大英帝國艦隊。蒙古人、穆斯林、伊朗拜火教徒的各種商隊，橫貫東西，發揮了如同近代歐洲商團的作用。

地理上比較孤絕的東亞，與內亞一直非常密切。大體上講，東亞（諸夏）處在被動地位。照教科書上的說法，少數民族是中國歷史之絆，中原王朝和少數民族的鬥爭貫穿了整個中原的歷史。

用我的術語來說，諸夏和諸亞是兩個異質性很強的文化共同體。諸夏是齊魯各邦，可能統一成王朝，也可能分裂為各邦，諸亞是整個內亞大草原（從烏克蘭到滿洲）的各個族群、政權和文化實體，這兩個體系不斷發生衝突。蒙古和滿洲的入侵其實就是這種衝突的一部分，但這種衝突當然不是從滿洲和蒙古開始的。早在趙武靈王胡服騎射、甚至殷商和周朝用巴比倫式戰車作戰時就開始了，跟我們所知的中國文明史是相始終的。

東亞通常鬥不過內亞，一個重要原因是東亞不像歐洲有分裂競爭的關係。東亞在春秋戰國時期最強，統一以後反而愈來愈弱，愈來愈容易被征服。這也是大一統政權的副作用，消除了各邦的競爭。

熟悉歐洲史就知道，歐洲近代資本主義的起源、軍事技術的進步，關鍵因素就是各邦的競爭。義大利各邦為什麼要開發新式大炮？因為你打我、我打你，誰開發了新式大炮就占便宜。而明清帝國沒有這種動機，所以把吳三桂時代的大炮一直用到太平天國時代。為什麼會這樣？因為大一統帝國實現了普遍和平，大家沒有競爭的動機了。

歐洲的進步依靠相互競爭，所以即使歐洲也受到蒙古人和其他遊牧民族從烏克蘭方向入侵的威脅，但終能轉弱為強。而諸夏面對諸亞，則是在大一統之下愈來愈弱，競爭愈來愈少。所以諸夏如果想要起衰中立，那就需要近乎明治維新式的變革，恢復春秋戰國時期各邦分立的狀態，像西歐各邦那樣，在分立當中相互競爭，才能產生技術進步的動力。

所以「諸夏」這個詞自古以來就有，不是我創造的。「諸亞」這個詞就是西方學者使用的「內亞」概念，我為了使它跟「諸夏」相對立，所以把「內亞」改成「諸亞」。「諸」是複數的意思，指多個邦國。

至於諸夏內部的「巴蜀利亞」、「坎通尼亞」，就純粹是我的發明了，意思是要把諸夏恢復到春秋戰國的盛況。但孔子所稱道的齊桓公和晉文公已經不可能重建了，那麼我們只有按照十九世紀歐洲的方式，透過民俗文化、方言國語發明民族的方式，例如把四川方言發明成巴蜀利亞的國語，把粵語發明成坎通尼亞的國語，用類似的方法重建多元化的文化共同體，然後透過共同體的競爭，恢復齊桓晉文時代諸夏生機勃勃的狀態。

Q 諸夏最樂觀的路徑是什麼？

迅速而徹底的內潰，或類似福克蘭群島戰爭式的迅速失敗，資源損失最小，是最有利的。

另外，大多數有彈性的體制（例如哈布斯堡帝國或鄂圖曼帝國），經得起局部失敗、一點一點地失敗，不至於全盤崩潰。而列寧主義體制內在是僵硬的，則經不起局部失敗，是全贏或全輸的類型。

在這種情況下，群雄並起成定局。資源和各方面條件保存得比較好的地方，很容易形成土豪和部分開明官吏合作的關係，那種情況就比較接近於東南互保，只是互保的地區不一定局限於當時的東南。

諸夏取得局部勝利以後，首先要完成歷史建構和民族發明，其次要建立小的魂器守護者團隊，這兩者都是成本很低，而且在精不在多的。在最好的路徑條件下，某些局部地區取得勝利以後，這些小的魂器團隊就可以在這些條件較好的地區展開教育工作。

首先要實現本土語言的復興，其形式應該比較接近歐洲和東亞近代的新文化運動，透過輿論、文學創作和教育，把本土語言重新復興起來，使它從方言升格為雅言。新的國語運動獲得成功，一、兩代人以後，民族發明就算是根深蒂固了。

在這個階段，內地條件比較差的地方，就可以把自己的種子基地移到條件比較好的地方，並建立文化研究協會（例如巴蜀文化研究協會）。如果沿海地帶（例如大粵）條件比較好的地方已具備復國條件，那麼巴蜀文化研究協會就可以安置在大粵境內。如果大粵還不具備條件，則可以安置到馬來、菲律賓、澳洲或美國。

然後巴蜀文化研究協會聚集一批有志之士，把俗語國語化。這方面的工作，民國初年的文人做得很徹底了，只需要重新開始，完成所剩不多的步驟。將《聖經》翻譯成巴蜀語言，把巴蜀國史編纂好，然後透過有傳教士精神的學者，把這些成就逐步向巴蜀本土傳播。

國界攔不住語言、文字、思想，等到本土的語言文字和本土意識普遍深入人心以後，就可以在下一代人之中產生新的社會運動菁英。這些人跟第一代的國語運動菁英應該不是同一批人，因為發起國語復興運動、國史編纂運動的這些人要有一種性格特徵，而發起社會運動的這些人又需要另一種性格特徵，而且前者是後者的鋪墊，沒有前者培植土壤，後者是不會發芽的，所以第二方面的事可能要由國語運動的下一代來負責了。

從韓國、臺灣與香港的現況大致上可以看出，新一代的社會運動菁英應該是什麼樣的人。他們搞出來的社會運動一旦成型，就會構成一種事實上的權力。無論你是不是喜歡他們的主張，只要去香港，就得跟這些社運人士打交道。

這些社會運動一旦變成不可缺少的力量，任何人都必須跟他們打交道，那麼類似柏林牆倒塌前的社會局勢就出現了。

當時民主運動遍布世界，凡是本土的民族民主運動，像波蘭、立陶宛、愛沙尼亞這種情況，都勝利了，民主國家就誕生了。凡是沒有民族和本土依據、具有帝國性質的士大夫運動，像俄羅斯或中國那種情況，即使是暫時獲勝，也很快轉入失敗。

因為士大夫的本性就是剝削各地真正的凝結核，把資源集中。他們的本性跟民主的本意相互矛盾，所以只有地方上具有土豪性質的凝結核，才能真正實現民主。

當本土運動發起的民主化成功了，帝國問題就算基本解決了，下一步就是諸夏之間的協調，目的是避免柏林圍牆倒塌以後劃分邊境、建立集體安全體系的過程中，不可避免會發生的一些摩擦和衝突。

等這些問題統統解決以後，就會面臨一個北太平洋公約組織保護下的亞洲民主大同盟，這樣的亞洲將會和歐洲一樣文明富強。不僅如此，在建構這個新體系的同時，還能藉機彌補、避免歐洲犯過的錯，例如福利國家、壟斷教育，而要強調私立教育、多元化教育。

當然這個過程不可能沒有衝突。第一代和最初的工作是發明國語、發明民族和國史，不會有任何風險。只有在第二步驟，也就是從社會運動、國家建設到集體安全體系這個階段，風險浮出水面，才可能會有反復，甚至流血事件。

但論重要性，第二階段沒有第一階段重要。只要第一階段做好了，第二階段是無法避免的。也就是說，不需要為第二階段刻意設計任何事，因為你已經在第一階段把草種好，打定了生態系統的基礎，所以該發生的事一定會發生。怕就怕第一階段基礎沒有打好，就想要跳過基礎一步到位，這樣所有工作都不好做。

第一步那種培土耕作，沒有風險，又不引人注意，但這種園丁的工作確實最重要，因為它發生在最初、最敏感的階段。語言、格局和路徑都是在最不起眼的地方、在路徑的起點決定的。一旦決定了，隨著時間推移，方向會愈來愈明顯，愈來愈難扭轉。等到上層人士發現他們走上什麼路徑時，無論是支持還是反對，都沒有辦法扭轉方向了。

如果你用敵人的語言來反對敵人，那麼你肯定是加強敵人的力量；如果你用敵人的語言來支援敵人，你同樣會加強敵人的力量。所以關鍵就是要有自己的語言，形成自己的路徑。

語言、路徑和格局確定以後，就可以放心了，因為工作已經完成。別人可以反對的唯一方式就是不理你，但大多數人一旦上路，他們一點一滴釋放出的能量都會加強原有路徑，把小路走成大路，使路徑愈來愈穩固，難以逆轉。

一個好的路徑選擇就像一家經營得當的銀行一樣，把升斗小民每天積累下來的小錢匯聚成巨額存款，用於投資，帶動整個經濟。一個錯誤的路徑就像經營不善的銀行，把大多數人的儲蓄都浪費了，自己也破產了，把本來應該照顧的大多數人推入絕境。

民族發明就是要打破錯誤經營的銀行，把本來可以建設成美好家園的小共同體能量，取之於民、用之於民。

恢復諸夏是否需要瓦倫蒂諾公爵（Duke of Valentinois）式的人物，透過馬基維利主義的手段剿匪？是否存在復國者的馬基雅維利時刻？

馬基維利其實是品行高潔的共和派。他寫的那些技術性東西，其實是作為智庫專家向潛在客戶顯露自己的本事，跟達文西把很多戰爭機器的圖呈給各路公爵和共和國，顯示自己作為工程師的本事是一樣的，並不代表他一定要贊成或反對什麼手段。

瓦倫蒂諾公爵波吉亞（Cesare Borgia）的手段在當時算是殘酷，但跟我匪和費拉比起來根本不算什麼。現有的記錄顯示，他沒有殺過任何跟政治無關的人，只是設鴻門宴滅掉敵對貴族，還有毒殺一些敵對勢力而已。按封建貴族的標準，這已經很不地道了，所以才被人詬病。照當時的標準，這是降低了歐洲的天花板，但這個歐洲地板已經比東亞天花板要高得多。

我匪是殘暴的極致。如果你有可以失去的東西，就會在流氓無產者面前輸掉一半。如果你不僅有可以失去的東西，還抱有害怕損失的想法，那就輸了四分之三。如果你不僅有前兩項，而且既沒有報復的習慣，又不能掌握對方的弱點，那就先輸光了。資產階級意義上的資源多少和能力大小，不是勝負的決定因素。

我給香港學生和小夥伴們的忠告是：如果沒有人說你是法西斯，你就完了（法西斯可以改成任何名詞）。

如果你在牆外，就是非正式停戰，隨時可能恢復戰爭狀態。如果你在牆內，就必須隨身行使戰爭權力，一切規則都是扯淡。只要能製造馬基維利意義的有利地位，就沒有不能撕毀的規則。反之，沒有任何規則能保護你。資產階級的規則只能用在資產階級身上，騎士的規則只能用在騎士身上。匪的規則就是超限戰，沒有任何承諾能高於戰爭權力。只有這樣，你才能贏。

Q 諸夏復國到底在等待什麼節點？什麼時候是釋放魂器的時刻？這樣的時刻來臨有什麼徵兆？

不外乎三種情況：第一是福克蘭群島戰爭失敗的那一刻；第二是類似八一九政變失敗的那一刻；第三是類似二月革命式的搶麵包事件或諸如此類的社會性騷亂，剛開始跟其他騷亂沒什麼不同，但突然越過閾值，龍騎兵的網路不敷使用。

這三種情況不是截然對立的。前兩種情況，在大事發生以後，必然也會呈現第三種情況的社會徵兆。第三種情況是最糟的，因為沒有戲劇性崩潰，而是慢慢一點一點把元氣耗乾以後，最後在社會無法支援的情況下自行瓦解。相對於前兩種情況，第三種的元氣損害得最厲害。

Q 能否細講諸夏各國之間的歧視鏈？

歧視鏈並非一成不變。大體上的規律是，愈接近文明中心，在歧視鏈中的相對位置就愈高。但文明中心和文明傳導的途徑古今不同。

十五世紀以前，基本上是西亞為中心，透過中亞和印度向東傳播。十五世紀以後，文明中心在西歐，透過海路，離西歐最近的地方有較高的位置。

如果是在清末，那麼吳越在歧視鏈中的位置還高於韓國。至於現在，歧視鏈無疑是從太平洋方向來的，日本高於韓國，韓國高於吳越。愈往內地，在歧視鏈中的相對位置就愈低。

Q 如果有另一個諸夏存在的平行世界，那裡的諸夏各國會是什麼關係？會不會有類似歐盟的組織？哪一國實力最強，能當領導者？

那就會是晉文公和齊桓公的世界了。

多國體系自然會產生一個或幾個聯盟，各聯盟都會產生自己的盟主，因為actor的數目太多，所以不會有確定的博弈路徑。總體說來，產生幾個聯盟的可能性，比產生一個聯盟的可能性要大得多。

例如現在這種情況，吳越和南粵這兩個地方都有做盟主的資格，而且彼此之間互不相讓的。從民國初年那種準解體狀態就可以看出，只要粵人有機會，一定不會讓吳人壓到他們頭上，反過來也是一樣。

而那些沒有太大的機會和野心當領袖的小邦國（例如湖湘），就會夾在南北之間，不斷合縱連橫，不斷改變立場。但幾個大的核心應該是相當穩定的。

Q 如果諸夏存在，現在會是什麼世界格局？

整個太平洋就會是一個放大的十九世紀歐洲。韓國、日本和吳越的關係，會比吳越跟巴蜀、大不列滇的關係密切得多。

比較可能的情況是，日本、韓國、環渤海地區和滿洲形成一個比較密切的東北亞聯盟體系。而吳越和長江流域，因為經濟和政治關係比較密切，則形成另一個體系。至於南粵，比較有可能跟越南和中南半島各國形成比較緊密的關係。它們之間的關係比較接近日爾曼系、斯拉夫系和拉丁系歐洲國家之間的關係。這樣一個體系，很容易跟環太平洋體系其他國家形成更複雜的博弈體系，而且由於長期進行博弈多元化的結果，物資和資訊都很容易流通。

Q 如果諸夏存在，那麼二戰時的日本會不會選擇走上對抗西方的泛亞主義道路？

在諸夏存在、東亞像歐洲一樣具有多國體系的情況下，就沒有帝國導致的扯後腿效應。各邦之間自由競爭，不會有邦國過於落後。這些邦國跟環太平洋地區其他邦國之間的關係，會像歐洲各國之間的關係。

波蘭肯定不如英國發達，但也不會落後到哪去。巴伐利亞（Bavaria）雖然沒有魯爾區（Ruhr）發達，但基本上還是同一個文明體中稍微高一點或低一點。齊桓公、晉文公時代的諸夏也是這樣，沒有哪一個國家會因為長期封閉，落後得像鴉片戰爭時期的滿清帝國。

在這種情況下，泛亞主義沒有產生餘地。就算產生了，也不會比歐洲的泛日爾曼主義或泛斯拉夫主義嚴重。世界會變成一個大型的希臘，比現在的世界更加文明。

Q 諸夏各國和蘇聯之間是什麼關係？有沒有可能在二戰時對蘇聯開戰？

有諸夏的世界，蘇聯不大有機會存在。蘇聯很可能會因為西面的歐洲和東面的亞洲都形成了希臘式文明和多國體系，而瓦解成諸羅斯，整個歐亞大陸因此變成一條由自由貿易和共同文明聯繫起來的通道，這是最好的結局。

即使蘇聯真的因為蒙古征服或其他原因，仍然維持某個統一帝國，那麼這個統一帝國在東方和西方都沒有出路的情況下，不可能會像後來的蘇聯那樣有巨大的侵略性。頂多是像後來的撒馬爾罕（Samarkand）或布哈拉酋長國（Emirate of Bukhara），依靠地理上的偏僻來維持閉關自守的局面。它在東方和西方的文明國家面前，會比鄂圖曼帝國面對英法的情況更加弱勢，基本上不可能對文明世界構成主要威脅。

Q 若諸夏存在，十九世紀西方會在東亞建立類似香港、上海的殖民地嗎？

如果諸夏在秦始皇那個時代就一直延續下去，挫敗了秦國統一的帝國野心，而且以後的兩千年一直維持諸夏體系，那麼東亞不會比西歐落伍多少。

那時就不大會有西方殖民者在東方海岸建立上海、香港、新加坡這樣的城邦了，因為東亞海岸也會像歐洲海岸一樣，布滿了類似漢薩同盟的城市，也會有自己的漢堡（Hamburg）、盧貝克（Lübeck）、格但斯克（Gdańsk）。

這一系列城市國家也會像西歐的城市國家一樣，派出自己的艦隊向遠方航行，它們的殖民地必然早已遍布澳大利亞和印尼群島。

歐洲和東亞聯繫的時間，會比我們所在的世界早得多，很可能早一千年。

Q 不經過基督教思想數百年以上廣泛的浸淫，諸夏能進入一種您理想中的狀態嗎？

諸夏不是什麼理想狀態。理論家不會製造歷史，而是對必然要發生的事或無法改變的現狀，予以必要的解釋。必要的話，再適當修飾，使它納入一個合適的體系，以比較順耳、順眼的方式描述出來。

任何事都有廣告面與現實面。我說過，宋教仁代表了國民黨的廣告面，蔣介石則代表了廣告落實以後不可避免的狀態；馬克思代表了社會主義的廣告，而史達林代表了社會主義的現實。諸夏相當於宋教仁和馬克思那個廣告層面，它背後遮掩的現實就是解體論，而解體的現實必然慘澹悲涼，絕不會是理想狀態。

也只有在自然和社會還沒有被破壞得太徹底的地方（頂多是關外某些土壤和生態尚可的偏僻之處），或是在沿海某些島嶼上、走私販子還罩得住局面的那些地方，情況才可能比較好，而大部分地方則都要經過巨大的損失和悲慘的動盪。

對大多數人來說，肯定是無可奈何地發現，他們永遠沒有辦法承擔恢復大一統的成本。在這種情況下，他們會需要一套理論體系把這種現狀合理化，而「諸夏」這個詞，因為有一定的歷史資源，又比較切合現代文明的需要，可以說是兩得其便，適合充當這樣的角色。

Q 即使諸夏能復國，也會落後韓國七十年。而且即便是現在的韓國，國內也還是問題重重，不斷掀起移民潮。殘酷的現實讓我對東亞大陸不抱任何希望。

有沒有希望，要看你的希望是什麼。

如果你的希望是建立一個像二戰以後西歐國家那樣富裕而穩定的社會，那麼我要跟你說，這樣的社會在任何時間地點都是一個小概率現象，而且沒有內在的穩定性。相比之下，某種中世紀的狀態，充滿了相互交戰的小團體，成員彼此效忠，但對外殘酷。這樣的社會狀態，反而比富裕的福利社會更穩定。

人類社會在絕大部分時間，是處在後一種狀態的；前一種狀態反而是許多不可複製因素湊在一起，才勉強出現的。但從另一角度來講，其實相當令人滿意。

我對這種局面感到滿意，第一個原因是共產黨肯定要倒楣，不可能像某些人想像的，能透過巧妙的技術手段使歷史停止、重新開始，讓以前的事統統不算數，甚至把自己打扮成佛朗哥（Francisco Franco）或皮諾契特（Augusto Pinochet）那樣的威權主義者，就此混過關。歷史是有積累性的，過去的欠債或過去造成的扭曲，最終還是會伸張正義，該發生的事終究逃避不了。

第二，在大一統解體的過程中，照例會產生新的多樣性。如果當事人是只想過舒服日子的人，那麼當他生逢亂世，就會感到很倒楣。但從文明的多樣性角度來看，比較有生氣的東西都是從這樣的時代產生出來的，例如諸子百家的時代、魏晉之間或明清之間。當時的人大概覺得生逢亂世非常不幸，但他們享有的自由和機會也是其他時代的人比不了的。

Q 假如有一天央視開始批判您的說法，把您放到了和法輪功一樣的位置，我們應該怎麼做，才能更好地實現「諸夏」？

民族發明是不能公開反對的。愈公開反對，對發明家就愈有利。你若想抑制這種發明，唯一辦法就是根本不提，希望大家把這件事忘掉。你只要一提了，那麼無論是支持還是反對，結果都是增加發明家的力量。你一旦反對，就等於承認它存在了。承認它存在，就等於對方達到目的了。達到目的以後，再打壓它是沒有意義的。

你如果說你反對美國人，那你等於在說美國人已經存在了。你在美國人存在的情況下反對美國人，你頂多把十三州的某一部分土地割掉，或是在戰場上打敗他們，那樣你也只是打敗了美國人，而沒有阻止美國的存在。

如果想阻止美國的存在，就必須讓美國人以為他們是英國人，因此你不該提地球上有美國人。一提，而且是公開提、公開反對，那就等於承認了諸夏各民族已經存在。做到這一步，以後具體的合縱連橫或具體操作都完全不重要了，頂多影響邊界怎麼劃分、誰上臺誰下臺這些問題。不過到了那一步，我就沒有任何重要意義了。

像我這種性格的人，只能在運動還沒有成型時發揮作用。如果諸夏變得有實際政治作用和分量，那麼能接管它、從中牟利或領導它的人，必然是另一種性格的人。

如果那時我還克制不住自己當導師的慾望，肯定要碰釘子。多碰幾次釘子，最後就會厭倦地退出。然後打著這些牌子活動的人，也許還會用我的名義，但實際上就與我沒有任何關係了。

Q 請問缺乏法統的國家（例如中國解體後的諸夏），能不能發展君主立憲的混合憲制？

這不是能不能發展的問題。費拉社會沒有政治資源和政治傳統，什麼都可發展，發展什麼都一樣，反正盡是沒有根據的東西，都是建立在發明的基礎上。同樣是發明的話，那麼大膽和不大膽的發明是差不多的，可隨意嘗試。當然，混合憲制是不可能的。混合憲制是封建制度演化過程中的一部分。封建制沒有先存在，就演化不出混合憲制。

Q 諸夏會是什麼結局？隋煬帝修大運河後，統一多於分裂。分裂能否理解為統一和解體的中間狀態：要統一，卻統一不了；要解體，也解體不能。這次大洪水（即未來中國可能出現的大動亂）帶來的諸夏，是一次徹底的解體，是否也有可能是一次五代十國，一次民國？這個問題不知道超過節點沒？

「分裂」和「解體」只不過是對同一種現象的不同描繪而已。「分裂」等於是假定了你不應該分裂，「解體」等於是假定了你不應該統一，區別就在這裡。

當然，不同的理論體系會產生不同的結果。如果你認為多國體系才是正統，那你就會產生歐洲；如果你認為大一統帝國才是正統，那你就會產生東亞。兩者的差別，顯而易見。

你接受了大一統的理論，認為分裂只是短暫、不正常的，那你就肯定要順著劉湘和張學良的道路走下去了。如果你接受了解體的理論，認為統一才是不正常的，那你當然就要順著凱末爾和畢蘇斯基的路走下去。這就是你透過選擇你的神明來選擇命運。

Q 在諸夏的民族發明中，外國人、移民人口應占據什麼地位？

民族發明是要製造一個敘事和認同的結構，讓現存的各個集團可以選擇自己的認同，並在這之後形成新的邊界。

換句話說，在民族發明成功以前，無所謂移民或外國人，因為移民或外國人的概念是邊界存在以後的事。不是先有移民或外國人然後形成共同體，而是對共同體進行重新發明、設置了新的邊界以後，才把邊界之內稱為共同體，邊界之外稱為外人。

Q 在推廣諸夏理念的過程中，遇到一個挑戰：有人說，統一的大市場是天朝經濟奇蹟的原因之一，而諸夏破壞了這個市場，使經濟發展速度受到阻滯。這個說法對嗎？理由是什麼？諸夏各種好處自不待言，但這個說法也有一定道理？

中國從來沒有統一的市場，無論是古代的大清，還是現在的貴匪。大清的市場中，晉國商人和非洲商人的特權是地域性的，各省都有權力禁止自己的糧米出口或干涉市場。

而現在的中國，無論是文革後期的地方經濟，還是後來張五常的縣域競爭，實際上都是用行政手段製造各種表面上不影響禮儀和人事調動的非關稅壁壘。把這些壁壘計算出來，無疑會比歐盟建立以前歐洲各國之間的關稅壁壘大得多。

而且這也絕不是中國固有的現象。像法蘭西雖然是高度中央集權的王國，但統一關稅區實際上只有巴黎周圍的幾個省。英格蘭高度地方分權，反倒有統一市場。

大一統體現在人事、禮儀上的統一，但這往往是依靠各地督撫或地方政權在財政上的各種特殊政策才能維持的。如果沒有這些政策，人事上的統一也就無法維持了。即使是陳雲，在朝鮮戰爭時也沒能打破這個壁壘。

相反地，許多行政上並不統一的各國，卻可以製造統一或近乎統一的自由貿易區，漢薩同盟以來的歐洲歷史多的是這種例子。

Q 有人說，諸夏不是一個和現狀競爭的方案，而是一個善後方案，您怎麼看？您不是說，八個大大和國父快要冒出來了嗎？

「諸夏」是一個基於演化的描繪，是對最後唯一走得通的那個基本趨勢的描繪，也是在這個不違反基本趨勢的情況下，對它進行細節修改和美化、使之規範化的方案。違背基本趨勢的方案，制定得再好也會失敗。

不過，即使是順著趨勢走，也不是所有方案都一樣。有些方案，在順水推舟的過程中使它更加惡化或更加瑣碎化，都不會是好的方案。好的方案應該像明治維新的那些日本人一樣，既不違反基本趨勢，又能對基本趨勢實施塑造，使塑造的方向多多少少是對現狀的提升。

Q 您曾經稱一些人為「諸夏吉斯林[23]主義者」，具體指的是什麼？

指的是：我們的文明是最優越的，蒙古人、滿洲人和內亞人都是可悲的蠻夷，西方人則是可悲的暴發戶。我們的使命是把所有文明人團結起來去對抗這些野蠻人，先打倒內亞征服者，再打倒西方殖民主義者，開闢偉大的黃金盛世。

為了實現這個目的，如果諸夏民族分別立國的話，力量就太薄弱了，這是可怕的帝國主義或征服者的陰謀。我們應該擁戴一個像朱元璋這樣強而有力的領袖把我們團結起來，建立一個大帝國，這樣我們才能跟滿蒙殖民者和西方殖民者對抗。

如果我們建立起上海自由市或尼德蘭聯省共和國這樣的機構，我們就只是自己富裕了，沒有進取之心，甚至變成西方人的依附力量。所以我們要發明一個更大的民族，建立起足以跟它們抗爭、甚至足以替代它們的帝國形式。

最簡單的概括就是，滿洲人搞大一統是錯誤的，但上海人搞大一統是正確的。毛澤東是個壞蛋，但如果由蔣介石來統一的話，我們的日子會過得很好。

23　吉斯林（Vidkun Quisling），二戰期間的挪威首相，與納粹德國積極合作。

Q 阿姨怎麼看待繁體字和簡體字的鬥爭，以及豎排版和橫排版的鬥爭？既然已經共存，未來的諸夏是否不需要強行規範化？您個人更喜歡的是哪兩種？

規範化都是有害的，只會造成信息量的流失。好的語言可以讓任何人都寫錯別字，錯別字多了以後，通假字就會變成正式用語。這種狀態就是小的嘗試、錯誤和演化，正是達爾文主義最需要的。保守演進的路線能以最低的損失實現最多的改進，恰好就是資本主義和普通法演化的模式。

方塊字本身不利於這種演化模式，拼音文字則很容易。但拼音文字如果搞成國語或標準拼寫法，對它來說也是增大了磨耗和阻力。如同民主國家搞出一個龐大的官僚機構一樣，雖然沒有像蘇聯的國家計委那樣把一切合理的變革壓死，但比起一個比較精幹的小政府來說，也是增加了負面因素。所以諸夏根本不應該設置這樣的規範，設置國語都是多餘的。

唯一需要設置國語的地方是馬來西亞那種情況，以馬來語和英語為國語。如果不這麼做，土著文字就很可能在最脆弱時遭遇滅絕的危險，使本土語言的傳承面臨危機。

對諸夏來說，能充當本土語言的必然是那些重新發掘、在十九世紀末期由傳教士編出來的各種語言，或是苗人、瑤人、其他小族群剛拼音化產生的語言。只有這些語言，才需要像印第安人或其他土著民族的語言那樣，透過國語化保證其脆弱時期的傳承。

其他各種方式都沒有必要設置規範，完全可以交給市場去辦，讓它們自己在競爭中自發演化，產生新的變異。它們如果有了自由競爭的環境，又沒有國家基金和公立教育這樣巨大的誘惑，就能真正以鼓勵優勢、裁汰劣勢的方式自發演化，讓各種不同的變異演化出新的語言。

這種自發演化的語言，在邊緣地帶（例如加勒比海或奈及利亞）會比在英國這樣的核心地帶更有利，對文明未來的發展也更有積極意義。

Q 諸夏獨立後，中華人民共和國的聯合國五常席位由誰繼承？反過來說，會不會有人因為放棄不了大國地位，而再次實現大一統並繼承聯合國五常席位？

當然由中國繼承。解體是不可能一圈就解完的，按照任何先例來看，都需要解一百多年，第一圈解下來的只是邊緣上的那些。

例如，羅馬帝國的遺產中最先解散的就是英格蘭王國，然後再一圈一圈地往內部解，解到只剩下希特勒德國。俄羅斯已經解過兩回了，第一圈解掉了波蘭和芬蘭，第二圈解掉愛沙尼亞和拉脫維亞，烏克蘭和喬治亞其實是第三圈了，我設想的諸羅斯（特維爾〔Tver〕、諾夫哥羅德〔Novgorod〕這些古國），那只能輪到第四圈了。

中國要解體的話，第一圈把臺灣、香港解出來，第二圈把西藏、突厥解出來，第三圈才輪到滿洲、晉蘭和坎通尼亞，再往下第四圈，才輪到吳越和下江，也許還加上大不列滇，巴蜀則可能要等到第五圈了。

在最初的幾圈，肯定會有一個大的中國，像現在俄羅斯繼承蘇聯那樣，保留中國大部分的疆土，只會像毛澤東和蔣介石承認外蒙古一般，勉強承認臺灣和香港的事實獨立，還要試圖保住新疆和西藏。實在保不住時再讓一步，但還是企圖保持明朝的十八省體制。再保持不住，才會願意在大不列滇和南粵這樣的邊界地帶讓一步。再守不住，才會願意在沿海地區（像上海自由邦）讓一步。

那時聯合國如果還在，常任理事國的位置真要產生問題。但那也是等到上海或吳越獨立以後的事了。

Q 大洪水時有沒有可能出現這種情況：在條件比較好的滿洲、閩、粵、巴蜀、以及西南各地成功發明民族，而長江以北被綠化，長江以南包括吳越、荊楚、湖湘、贛地在內的民族發明失敗，被一個軍事獨裁政權控制，從而形成南北兩個小中國的「兩中諸夏」格局。您認為這種情況有沒有可能出現？

當然有這種可能性。而且很有可能在未來的諸夏中，一大部分會像烏拉圭、阿根廷和巴拉圭那樣，最初大家都以為自己不是諸夏的國父，而是忠誠的西班牙愛國者，只是有些人忠於西班牙國王、有些人忠於西班牙國會而已，張作霖、陳炯明一開始都是這樣的，但他們將來也會被發明為本國的開國英雄。

將來解體出現的第一批人，多半就會像張作霖、陳炯明那樣，剛開始還以為自己是中華民國或諸如此類體系中企圖統一的失敗者，但他們再三失敗以後，他們的繼承人就會漸漸醒悟過來。

最初的情況（特別是靠近核心的地區）可能不僅是「兩中諸夏」，而是產生很多個小中國，就像拉丁美洲一開始產生的其實是很多個小西班牙。它們是在想吃掉對方、重建一個帝國、但最後都失敗的情況下，才被迫承認諸夏或美洲諸共和國。最初其實都是軍閥割據。

Q 您對諸夏民族發明家有何建議？

當然膽子要大，對任何管制措施都要視而不見。無論措施怎麼設計，執行人員必然都是欺軟怕硬。如果損失很大、成本很高、得到的政績並不突出的話，他寧可去執行另一些比較溫順、損失小甚至沒有損失、或許還能敲詐勒索得到很多紅包、搞出很大政績的項目。

所以無論管制措施怎麼設計，結果必然是所有措施都會落到本來就不大需要管制的順民頭上，本來就管制不住的那一批人，反而一開始就會繞著走。除非有特別的投入或是欽差大臣率領的精兵，不然一般造成的結果都是這樣的。

你如果上當，相信坦白從寬之類的話而接受了管制，你的麻煩只會愈來愈多。相反地，你如果相信江湖經驗，本著「坦白從寬，牢底坐穿，抗拒從嚴，回家過年」這個精神，對所有管制嗤之以鼻，堅決在管制體系之外搞自己的系統，那麼你會愈來愈強大。

凡事有名有實，國語、國史屬於名，交給海外的發明家去做就行了，淪陷區的人最重要的則是對付張獻忠這種人。所以，最要緊的是要有實力。

當然，你要避開管制體系，千萬不要學體制內國有企業與事業單位的幹部或中小學教師，傻傻地為了避免風險或吃穩當飯就接受管制，那樣你就毀了，所有管制措施都會落到你頭上。而且，你愈是好管，就愈容易給你找罪名。所以你要在黑白交替的中間地帶給自己搞出一個包括狼牙棒在內的私人體系，這樣你以後愛怎麼做就怎麼做。

將來的趨勢必然是會有管制，管制會坑死大部分順民，還會打垮一部分土豪，但不可能打垮全部的土豪，而且不可能消滅張獻忠地區。在這種基本盤之下，第一，你要自己做豪傑；第二，如果你做不了豪傑，你也要結交豪傑。豪傑是什麼？你自己動動腦筋，讀一讀二十四史。

Q 如果諸夏發明失敗，中國最終都落到八個大大和張獻忠手裡，您會怎麼辦？如果最糟糕的事發生了，對全世界和未來會造成什麼影響？

什麼影響也沒有。樂譜是不管樂師的，即使所有樂隊都死光了或所有樂隊都很糟糕，你照樣可以寫樂譜。以後會不會有人來用這些樂譜，就不管那麼多了。

諸如此類的這些問題等於是說，你在寫樂譜時有人跑來問你，應該怎樣演奏樂器、怎樣當樂師、怎樣組織樂隊，而這些問題我本來都可以不管。

Q 您是從什麼時候開始，覺得自己是巴蜀利亞人？

諸夏一直存在，只不過缺乏高檔知識分子或民族發明家把他們的身分挑明而已。

我從小就知道，不同的邦，有些是親邦，有些不是。這種最基本的社區，也就是只缺乏民族發明那一個上層的社區，始終存在。例如，湘、贛對我們來說就是親邦，秦嶺以北純粹是野蠻人，下江則是外人。這樣的親疏關係，孩子從小就能領略到。而且，它存在的時間顯然至少跨越了幾代人，只不過大家找不出適當的名詞來描繪而已。

你仔細觀察就能發現，這樣的小共同體隨時隨地都存在。只是大家沒有意識到，你看到的東西，其實相當於神聖羅馬帝國時代的波蘭人或瑞士人那些雛形的團體。你被學校或政治教育灌輸給你的那些歪曲詞彙蒙蔽了，用假的東西把真的東西蓋住了。

Q 您希望建立一個怎樣的諸夏？如果僅是為了錢和權力，我覺得建立諸夏沒多大意思，就是換一批人掌權而已。沒有痛苦的超越，東亞窪地不過是原地打轉。

那要看「諸夏」是什麼定義。如果你的意思是建國成功，顯然這個定義沒什麼意義。建國成功在民族發明的當時是看不出來的。一八一二年的波蘭人根本不知道波蘭什麼時候會建國成功，只知道建國成功需要經過一系列動亂，而這些大部分都會發生在死後。但「諸夏」的定義不是這樣的。

「諸夏」是一個可以開啟的政治運動。而且，有些人（例如我這個老人家）能透過經營這些政治運動，在現在或不久的將來，在我有生之年，就從中得到一些利益。這些利益根本不需要在建國成功以後才享受得到。

至於東亞窪地的痛苦是不是會在原地打轉，這對政治操作者來說沒有意義。從理論家的角度來講，實際上是這個意思：有些人不可能變成文明人，總會被某種方式淘汰掉。淘汰的過程能產生政治能量，有利於一些操作者，不利於另一些操作者。你設計一個操作方案，就可以使你站在獲利者的行列，而不是站在受害者那裡。

Q 實現諸夏是不是您的目的？這是不是現代民主轉型的一個路徑？

諸夏是一個廣告，民族神話必然要有廣告。例如，締造法蘭西的四十位君王就是法蘭西民族的廣告。

每個民族在發明過程中，都會給自己列出國父和民族英雄，或假定的輝煌時代和遠古起源。諸夏有一個現成的起源，就是春秋時代、孔子時代諸子百家的列國。這個起源是很現成的歷史資源，不用白不用。正如中華民族會用成吉思汗和秦始皇做歷史資源，我當然也可以用孔子和他同時代的人做歷史資源。現在的希臘人，也是用蘇格拉底和伯里克利（Pericles）做歷史資源的。

但我們都要很清楚，這些東西是神話，神話是派來用的。你作為發明家，你應該清楚目的是什麼。你扔石頭打狗，目的是要打到狗，而不是在乎石頭。如果換了磚頭也能打狗，那你眼睛不眨一下換成磚頭就行了。

諸夏是民族發明的一個適當廣告，但如果你願意用別的廣告，例如滿洲的民族發明用滿洲國的廣告而不用諸夏，或者其他人發明出他認為更適合的廣告，而且實際上行得通，那麼這些廣告就必然會比我現在提出的廣告更好。民族發明包括民族神話，民族神話必須有廣告，因為團結和動員要透過講故事的方式，其中就要有若干神話成分。這個神話成分跟其他的神話成分相比，並不會更糟。

至於諸夏是不是我的目的，坦白說不是。我對此沒有任何特定目的，包括對於所謂的中國轉型，沒有任何目的。我只是在做馬基維利式的技術推演，推演最有可能出現的情況。

我斷定，無論你選擇怎樣的路徑，各方共同作用最容易發生的結果就是，若干回合的博弈導致支離破碎的局面。這種局面有可能是因為共產黨挑戰西方導致自身毀滅、勝利者又不願意收拾殘局而造成，也可能是因為共產黨雖然不挑戰西方，但為了以現有的方式維持統治，導致基層社會繼續黑社會化，逐步瓦解，使得大片政治生態區落入類似黑社會的組織手裡，從而間接地通向敘利亞化而引起，也可能透過黨內的派系鬥爭、日益增加的門生與派系，逐步形成類似東南互保的局面而引起。

但無論怎樣博弈，維持這個橫跨東亞和內亞的巨大區域的技術性困難，都會使它殊途同歸，造成事實上的各種分裂。而這些分裂狀態需要一個政治上的名分，於是給它設計一個諸夏的名分是合理的解決方法。

所謂合理的解決方法就是，你要清楚形勢不能左右，只能觀察和利用。如果你認為設立了一個目標就能達到什麼目的，那很容易使判斷力受損。最能清醒判斷局勢的人，往往不是懷有特定目的的人，而恰好是那種沒什麼目的的人。沒什麼目的的人，對懷有各種目的的各種人的動機和效果之間的背離，是處在最有利的旁觀者清的立場上。

如果我認為你們主張的民主轉型有希望成功，我自然會製造相應的理論；我之所以沒這麼做，是因為我對這件事是悲觀的。我對共產黨的星辰大海或長治久安、兩個一百年，也是同樣看法。如果我認為他們有希望成功，我現在就不會在這裡；我之所以在這裡，正是因為我反覆分析以後，認為它沒什麼成功的希望。總體來說，我認為各方都達不到目的，而合力的結果會是他們不怎麼希望、卻不得不接受的情況。

Q 您提出一個很重要的觀點就是打破大一統魔咒，回到小國林立的諸夏。這個想法是何時形成的？

其實我早就知道了。大多數人多多少少也都知道，就是諸子百家如何如何，只不過他們理論上的認知和現實中的理想是分裂的，他們也沒有太大的勇氣背著周邊大多數人的意見提出自己的理想。

對我來說諸夏有兩種含義：第一種是理想狀態，類似春秋戰國諸子百家的理想狀態；第二種是可能狀態，就是軍閥割據、支離破碎、敘利亞化那種狀態。這兩種狀態都可以稱為諸夏。

我很清楚，有很多人、甚至可能是大多數人，願意接受前者，而不願意接受後者，但我在用諸夏這個詞的時候，是把兩者都包括進去的。

它應對了兩種情況：第一種是討論理想狀態（例如民主中國還是大國崛起），這時我就用諸子百家式、理想式的諸夏去跟他們競爭。第二種是大家在討論實際上會發生什麼事時，我就用實際博弈幾條可能路徑最終收斂的方向，也就是敘利亞化支離破碎的那個方向，用這種解釋的諸夏去對抗他們。

這兩種諸夏其實一高一低，但諸如此類的政治理想都有最高和最低綱領。最低綱領就是，當你面對現實中最有可能出現的情況時，你如何博弈的綱領；最高綱領就是理想的綱領，像共產黨的最高綱領就是共產主義。

現實的綱領中，可能會維護某些在理論上跟共產主義不相容的政治利益，但這不代表它已經放棄最高綱領。其他諸如此類的理論，也都有最高和最低綱領之別。有些反共人士抨擊共產黨時，經常是用共產黨的最高綱領來打最低綱領，但這種打法是無效的，因為兩者各有各的生態區間。反過來，你其實也是有最高和最低綱領的。

最高綱領當然就是恢復十九世紀歐洲那種多國並立、以費厄潑賴（Fairplay，指公平競爭）的方式相互交涉的狀態，對文明最為有利。但從現實角度來講，一戰以後要恢復這種狀態非常困難，所以實際上我要考慮的是打掉最不利的情況。

怎樣才能打掉？直截了當地說，就是要在各種反文明勢力中，首先破壞那幾種最危險、對文明恢復到最佳狀態妨礙最大的力量。對我來說，把它們破壞掉，比在文明核心區建設一個理想狀態更為重要，因為這跟我所在的階級地位有關。

假如我身在一九一四年的東非，我是不可能到塞拉耶佛阻止刺殺案的。我只能環顧左右，在東非各種勢力之中看看哪一種最危險，優先把它打掉。最低綱領就是要避免我所討厭的那幾種危險結局出現。

其實這幾種危險結局都有一個共同點：它們都會保證共產黨這個系統的長治久安，然後它以一個負組織的方式，不斷吸取原本可以用來建設文明的資源。

就像一個巨大的寄生蟲，透過中國這個白手套寄生在東亞，糟蹋了東亞絕大部分的希望與菁英，而且像近年逐步發展的那樣，它如同癌細胞一般，不可能局限於此，還可能在全世界發揮十九世紀黑奴制度的作用，間接破壞全世界的自由勞動，或像是古埃及在羅馬世界發揮的作用，用東方專制主義侵蝕自由世界，對全世界的文明產生負面影響，降低文明的整體水準。

Q 如果把諸夏各邦獨立當成一個最終目標，您認為下一次升級是在東亞大陸開民族獨立的第一槍嗎？如果下一次是開槍，再下一次是什麼呢？在您達成最終目標以前，中間有幾個階段？

諸夏本身不是目的。例如，諸夏的很多邦，例如南粵，其實屬於馬來—波利尼西亞南島語系（Malay-Polynesian），是東南亞系的。它現在算是諸夏，因為它使用漢語。「夏」是一個文化定義。這就像是問，什麼是「拉丁民族」？用拉丁系語言的就是拉丁民族，法蘭西、西班牙、義大利都是拉丁民族。但拉丁民族並沒有一個「拉丁國」，而是有各式各樣的民族國家。

泛文化民族主義是不能建國的，因為文化的紐帶是一個軟紐帶，不像血和錢鑄成的硬紐帶。誰流了血，誰出了錢，是毫不含糊的。但一個法蘭西人說他是法蘭克的日爾曼人，或說他是高盧的法蘭西人，都是可以的，因為只要換一種文化認同就行了。

例如，如果將來廣東人搞了一套拼音文字，恢復了馬來系的拼音文字，那它就不再是諸夏，而是諸越。越南就是這種情況。越南跟廣東有什麼區別？顯然在宋朝以前沒有任何區別，但現在你不可能說越南是諸夏，因為它用的是法國天主教士為它發明的拉丁字母。如果廣東人將來也用了這套字母，那麼廣東就要跟越南並列，算是諸越的一部分了。只有在你目前還使用漢字的情況下，你才是諸夏的一部分。但這個發展就是下一個階段了。

沒有滿洲國時，我不提諸夏；沒有上海民族黨時，我不提大蜀民國。我不畫大餅，我只做預期；凡是預期，都要有堅實的現實基礎。好比你有一個生雞蛋，你就可以討論蛋糕的問題；有了蛋糕，你再討論點蠟燭的問題。現在你處在有雞蛋的狀態，點什麼蠟燭就不在考慮範圍內。

Q 您的諸夏理論對歷史的解讀非常到位，但對未來的指引則缺乏實踐性。比較有實踐指引的是，您在自己居住的地區無中生有搞一個「姨」族，吸收那些認同姨理論、有自發動力的人，例如有經濟實力、有一定社會

影響力、能對小共同體承擔責任的人，這群人不認同自己是Long River Delta人、支人、內亞人，他們就是在新大陸的「姨」人。完全從零發明一個民族，反而有可能實施。

這是沒有意義的問題。老實說，我手下這群人都是小資產階級知識分子，他們能不能勝任還很成問題。真正能勝任民族發明的人，很可能來自江湖人物或黑道白道的中間地帶，但因為我不是江湖豪傑的類型，所以我身邊也沒有江湖豪傑類型的人。

演化系統的特徵是，到了一定時代，處在相鄰生態位元的人會根據周圍的小環境調整行為模式，然後行為模式之間相互激盪，自然產生相應的反應。也就是說，時節一到，報春花就會紛紛盛開。

假如演化系統已經發展到江湖梟雄輩出，那就不會只有一個張作霖和一個張獻忠。只要有一個張作霖，周圍肯定有很多類似張作霖的人；有一個張獻忠，周圍也肯定有很多類似張獻忠的人。這不用你自己設計。我之所以要設計，是因為很多人纏著我，要我提出對他們最有利的方案。

在我看來，諸夏就是最有利的方案，因為至少可以讓一批小知識分子振振有詞地拿著它做擋箭牌。沒有這塊擋箭牌，小知識分子的下場會非常糟糕。但真正的江湖豪傑用不著這些擋箭牌，他用任何名義都能為自己打開一片天地。

當然，他們演化的結果，也就無非是一連串張作霖和一連串張獻忠。這些張作霖有沒有胃口把自己變成滿洲國的創始人，還是只滿足於做一個三國式的軍閥，其實對我沒什麼影響，但對我手下那一群小知識分子影響很大。

《諸亞與諸夏》發刊詞[24]

內亞各邦和東亞各邦都有悠久的歷史和獨特的文化，在長期互動當中為人類文明增光添彩，加入大清國際秩序和西方國際秩序以後，交流與合作的廣度和深度日益增加，使各國人民看到了更加美好的前景。

撒旦的代理人、人類的公敵、梅毒界羞與為伍的敗類和髒渣烏里揚諾夫——列寧（Vladimir Ilyich Ulyanov Lenin）奪走了我們的未來！它糾集全世界的恐怖分子，掀起了反人類、反文明、反社會的逆流，在顛覆歐洲的事業慘遭失敗以後，率領走投無路的殘兵敗將流竄到東方，將卑劣與惡毒發洩在諸亞和諸夏的父老身上。

滿洲國的人民！你們不會忘記，你們的祖先，在民族英雄張作霖大元帥的領導下，曾經多麼驕傲！你們曾經是遠東的波蘭和亞洲的美利堅，用赤匪的汙血灌溉滿洲的沃土。國際恐怖組織的苦力把東方的魯爾糟蹋成什麼樣了，你們都看到了！

晉國的人民！你們不會忘記，在民族英雄閻錫山的領導下，曾經多麼驕傲！你們自古以來就是東方的佛蘭德（Flanders）和倫巴第（Lombardy），聯結伊朗、突厥、蒙古、圖博、滿洲、日本、俄羅斯的樞紐。國際恐怖組織的苦力把歐美人士交口稱讚的模範之邦糟蹋成什麼樣了，你們都看到了！

齊國的人民！你們不會忘記，在民族英雄鮑爾上校（Colonel Bower）和布魯斯少校（Major Bruce）的領導下，曾經多麼驕傲！你們自古以來就是遠東的米蘭和工商業中心，近代以來又是拳匪的剋星和自由貿易的衛士。國際

24 《諸亞與諸夏》是「諸夏文化傳播協會」在二〇一七年發布的網路雜誌。這篇發刊詞是劉仲敬為創刊號撰寫的。

恐怖組織的苦力把太平洋的珍珠鏈糟蹋成什麼樣了，你們都看到了！

江淮尼亞的人民！你們不會忘記，在民族英雄楊行密的領導下，曾經多麼驕傲！你們自古以來就是東亞內河貿易的中心，聯結齊國、吳越、荊楚、贛越、南粵和中國的樞紐。你們的城市多麼繁榮，人民多麼富裕！你們多少次擊潰了野心勃勃的中國侵略者，保衛了自己的自由和諸夏的自由！國際恐怖組織的苦力把東亞的漢堡糟蹋成什麼樣了，你們都看到了！

荊楚利亞的人民！你們不會忘記，在民族英雄項羽的領導下，曾經多麼驕傲！你們自古以來就是東方的希臘和中國人的征服者，怎麼可能在流氓無產者的烏合之眾面前低頭？國際恐怖組織的苦力把遠東的柯林斯（Corinth）和底比斯（Thebes）糟蹋成什麼樣了，你們都看到了！

巴蜀利亞的人民！你們不會忘記，在民族英雄夏之時的領導下，曾經多麼驕傲！你們自古以來就是聯結西南亞和東南亞的貿易樞紐，比中國人更文明更富裕。中國侵略者無法征服你們，只能欺騙你們。你們為中國領導人蔣介石做出了多大的犧牲，他又是怎樣卑鄙地將你們出賣給國際恐怖組織！國際恐怖組織的苦力把東方的烏克蘭糟蹋成什麼樣了，你們都看到了！

夜郎國的人民！你們不會忘記，在民族英雄楊應龍的領導下，曾經多麼驕傲！你們曾經是聯結諸夏和大印度文化區的樞紐，從來不缺乏黃金和珠玉。窮凶極惡的中國侵略者首先嫉妒你們，然後搶劫你們，毀滅了你們的大陸橋和聚寶盆，把東方的哥尼斯堡（Königsberg）變成了東方的加里寧格勒（Kaliningrad），最後把你們出賣給國際恐怖組織，聽任他們最下等的奴才作踐你們。國際恐怖組織的苦力把東方的立窩尼亞（Livonia）糟蹋成什麼樣了，你們都看到了！

湖湘尼亞的人民！你們不會忘記，在民族英雄羅澤南的領導下，曾經多麼驕傲！你們才是東亞大陸真正的文明古國，野蠻的中國人卻想偷走你們的歷史。你們是東亞近代化的先驅者，第一批民族國家的建設者。你們一次又一次挫敗了文明的敵人，嚴懲了賣國賊毛澤東和流竄恐怖分子，用自己的胸膛和熱血保衛了諸夏的自由獨立。國際恐怖組織的苦力把東方的普魯士糟蹋成什麼樣了，你們都看到了！

贛尼士蘭的人民！你們不會忘記，在民族英雄鐘傳的領導下，曾經多麼驕傲！你們既不缺乏西方輸入的宗教和技術，也不缺乏蠻族文化的原始豐饒。你們幾代人創造的財富和文化，足夠東亞大陸消費幾百年。你們如果不是因為過分信任外邦軍隊的忠誠，本來不至於遭到流竄恐怖分子的蹂躪。國際恐怖組織的苦力把東方的立陶宛糟蹋成什麼樣了，你們都看到了！

吳越尼亞的人民！你們不會忘記，在民族英雄錢鏐的領導下，曾經多麼驕傲！你們曾經是諸夏的長子，在東亞各邦面前為諸夏代言。海通以來，你們一再爭取西方秩序的優等生地位。你們建立了東亞第一個代議制政體，比日本帝國更早更完善。你們創造了東亞最繁榮的自由港，目中何嘗有新加坡？如果不是國際恐怖組織打斷了民族構建的正常步驟，你們有什麼理由羨慕加利福尼亞的陽光呢？國際恐怖組織的苦力把東方的尼德蘭（Netherlands）糟蹋成什麼樣了，你們都看到了！

閩國的人民！你們不會忘記，在民族英雄鄭芝龍的領導下，曾經多麼驕傲！你們是南島諸民族的長子，創造了東洋的提爾（Tyre）和西頓（Zidon）。巴達維亞（Batavia）和長崎的財富，難道不都是為你們準備的嗎？如果不是因為中國人的侵略，你們的民族構建事業何至於落在兄弟民族後面？國際恐怖組織的苦力把東方的克羅埃西亞糟蹋成什麼樣了，你們都看到了！

坎通尼亞的人民！你們不會忘記，在民族英雄趙佗的領導下，曾經多麼驕傲！你們自古以來就是南島民族和諸夏的橋梁，近代以來又是聯結西方和東亞的橋梁。你們既不缺乏武士，也不缺乏商人，為文明開化所做的貢獻，是諸夏各邦望塵莫及的。古老光榮的南粵，只要砸碎中國人留下的枷鎖，切斷國際恐怖組織插入的抽血管，對世界文明和自由的貢獻，絕不會低於明治維新以後的日本。國際恐怖組織的苦力把東方的斯堪的納維亞（Scandinavia）糟蹋成什麼樣了，你們都看到了！

桂尼士蘭的人民！你們不會忘記，在民族英雄儂智高的領導下，曾經多麼驕傲！你們自古以來就是自由的家園和勇士的故鄉，把鄰家的布魯斯和華萊士（Sir William Wallace）看得像芒果一樣尋常。你們總是站在前線最危險的地方，挫敗中國侵略者的兇焰，保衛了東南亞各邦的自由獨立。你們抵抗國際恐怖組織，戰鬥到最後一刻，付出了最大的犧牲。國際恐怖組織的苦力把東方的蘇格蘭糟蹋成什麼樣了，你們都看到了！

大不列滇的人民！你們不會忘記，在民族英雄閣邏鳳的領導下，曾經多麼驕傲！你們是東南亞各邦的源頭和搖籃，舉手投足之間就要播下多少文明的種子。印度、圖博、內亞和諸夏的客人，誰不羨慕大不列滇人民優裕的生活和燦爛的文化？滇人在近代化的浪潮當中，仍然是東亞和東南亞各國的楷模。你們如果不是過於信任中國人的甜言蜜語，為事不關己的衝突犧牲父老，把保衛祖國的任務交給外人，本來不難一腳踩死國際恐怖組織的偽足。國際恐怖組織的苦力把東方的奧地利糟蹋成什麼樣了，你們都看到了！

往者不可諫，來者猶可追。諸亞和諸夏的愛國者們，不要懷疑上帝的公正。上帝把消滅恐怖組織的任務交給自己信任的忠僕，就是為了讓這塊王冠寶石裝點各邦的榮譽。誰最清楚怎樣恪盡職守，就最有資格品嘗自由的美味。

第五章　遠東各邦

南粵（坎通尼亞）

Q 如何評價粵人的排外性？

這恰好是粵人有活力的一種體現，就像巴達維亞人或撒克遜人（Saxons）一樣。基督教在蠻族中傳播以後，新教改革最厲害的那些地區，就是傳教士當初被殺得最厲害的地區。維京人、薩克森人都是被查理曼之類的人殺得很慘，在強烈抵抗之後才皈依的。他們才是宗教改革的核心。

早期傳教士描寫各個民族，儘管他們全是異教徒，有些是蠻族，有些不是，但筆調差別很大。例如對於波蘭人、立陶宛人那種多神教，他們原先也是人殉，還信奉人狼這類亂七八糟的東西，但他們是剛健勇武的武士。另外一些人呢，則是像敘利亞那種地方的人，是怯懦、卑鄙的文明人，說話一點都靠不住。

那些嗜血的野蠻人會把傳教士殺了，但歸信以後會忠心耿耿地賣命。而那些狡猾的人，要讓他們歸信最可靠的方法就是把他們當地的總督爭取過來，但只要穆斯林一來，他們會為了一點小利益就改變信仰。

我覺得粵的情況很像日本。日本基督徒好像只占人口百分之一，但品質特別高。

Q 坎通尼亞復國以後該如何處理「外省佬」？該如何處理深圳？

不能組成外籍兵團或編入外籍兵團的，就按照外籍勞工來處理。按照坎通尼亞傳統，能組成外籍兵團的應該編成各種軍，例如湘軍、桂軍，納入國防體系，處在民兵和正規國防軍之間，像法國人運用外籍軍團那樣。透過這個管道，允許一部分外人合法入籍。外籍軍團為坎通尼亞立了功以後，退伍時就可以給他們公民權。

至於深圳，可以作為一個單獨的自由市，像是漢薩同盟那些自由市在神聖羅馬帝國內的地位。

Q 請您評價粵東客家、潮汕文化，判斷其前途。

兩者都是合格的民族，因為它們有足夠的組織資源、團結能力和向心力，有自己特殊的習俗和語言。

如果回到十六到十八世紀之間，發明一個潮汕民族或客家民族是非常合理的。但現在的話，就要考慮地緣問題。在這方面，潮汕比客家占便宜，因為它的地緣比較集中；而客家有很大一部分到嶺北去了，分布在湘贛境內，對向心力不利。

從現在的情況來看，還不如借助粵人和北人這個大的區別，按照蘇格蘭人把高地人和低地人發明在一起的那種格局，把閩南的各個族群透過國族建構重新集結在一起，忽視地緣團體內部的區別。這就要看你能不能產生足夠的高級菁英了。

如果能，就可以自己發明國語；如果不能，就要考慮尋找適當的共同體，自己加入進去，例如臺灣的客家人在臺灣民族共同體創造的過程中，為客語增加了地位。如果什麼也不做，可以肯定會有其他人來吞併或吸收。

但我覺得粵東還不至於變成那樣，因為粵東本來就是整個東亞大陸組織力最強的地方，但這也得看菁英的選擇。

你可以像是泰國的潮汕人那樣，選擇融入本土的新共同體。或者，因為我的組織能力特別強大，就以我為主建立新的共同體，然後稍微吸收其他周圍的人，把自己的文化升級一點，把語言提升為國語，搞出像樣的文化產品。

Q 您能否談談同在廣東的潮汕文化呢？那邊好像很重視男尊女卑，與南粵傳統完全不一樣。

客家人、潮汕人、廣府人都不一樣。

在百越蠻族中，廣府人是受到官話文化和滿大人文化一定影響的族群。粵語就是一種用漢字拼寫出來的百越語言，等於是百越語言和漢字之間的折衷。相對於不用漢字拼寫的其他語言，它已經部分地被馴化了。

而客家人和潮汕人是更晚跟士大夫文化接觸的蠻族。因此，客家人發明了「你們不要歧視我們是蠻族，我們可是比你們更早、更正宗的河洛」這種荒謬的神話。但他們的所有習俗（包括洗骨葬）都仍是蠻族的。

潮汕人跟客家人不同，陸梁地的色彩比較少，海洋開拓者的性格比較明顯。潮汕人最近的近親不在廣府或客家，而在馬來半島或南洋其他地方。自古以來，他們跟客家人、廣府人之間就有隔閡。

所謂的重男輕女習俗，只是由於他們被士大夫文化馴化較少，因此原有的部落組織在轉化為儒家式宗族以後仍然比較強悍。重男輕女其實只是過去好勇鬥狠的蠻族武士文化的一點殘留。

我們要注意，在號稱重男輕女的潮汕文化當中，婦女參加政治事務甚至武力衝突的記錄，比真正的士大夫文化更多。只不過士大夫化到一定程度以後就費拉化。搞到最後，男人和女人都變成毫無抵抗能力的奴隸，家庭也形同虛設。

在蠻族剛接受儒家文化、把部落組織改造成儒家宗族的最初時期，像潮汕人所在的這個階段，武士傳統尚未完全死滅，家族極其強大。潮汕人重男輕女，其實是家族精神還非常強大、械鬥能力還很強的表現。經過費拉化幾百年、變得跟駐馬店人一樣以後，就一點械鬥能力都沒有了。這時，連重男輕女都變成形式上的東西。

Q 客家人是如何形成的？在民族發明中應選擇什麼策略？

客家人顯然是南島民族的一支，洗骨葬之類的習俗都是典型的印度—馬來人習俗。從客家人現在採取的民族發明策略來看，他們顯然是接觸帝國文化比較晚的一批人，因此在跟帝國官府接觸時處於被動地位，格外想強調自己的正統性，所以才發明了一個非常靠不住的中原神話。

這個中原神話，就好像是一個比較周邊、連士大夫都不是的人，為了想給自己找上皇親國戚的關係，而把自己發明成堯舜禹湯或劉邦這些人的家屬。如果是比較靠得住、內圈的人，他就會找一個蘇東坡、柳宗元或南下士大夫之類的人作為自己合理的祖先。

客家人那種皇漢式的發明，把自己發明成唯一正統的河洛人種，把其他人都發明為比較晚近的人種，例如永嘉之亂或南宋時期才南下的人種，恰好說明這是層累造成的歷史，後來者居上。也就是說，他們的發明比那些自稱開漳聖王、永嘉南下、靖康南下的人是更晚發明的。

愈晚發明的，愈是把自己的起源追溯得更早。這樣一來，他們就實現了民族發明的主要目的：第一，他們跟周圍的族群分割開來；第二，他們自稱比周圍的族群更加古老高貴。

當然，這種發明很容易被中國主義者和漢族主義者利用，實際上也真的如此利用而起了作用。他們後來參加排滿革命時，是把南嶺以北的其他族群都當作滿人的走狗來排的。但正因如此，他們的發明一旦成功，滿人一走，他們就無法擺脫這些素質很差的鄰居了。

所以他們現在需要二次發明，像英國人把自己從特洛伊王子布魯圖斯（Brutus of Troy）的子孫重新發明成盎格魯—撒克遜—日爾曼系的子孫一樣，對自己的民族神話做二次梳理（都鐸王朝時代，英國人還說自己是布魯圖斯的子孫，等到十九世紀重新整理以後，就把自己說成是撒克遜人的子孫了）。

滿洲國

Q 可不可以參考臺灣主權未定論來制定滿洲主權未定論？

當然可以。你也能說，滿洲和北朝鮮是盟國規定的蘇聯占領區，在蘇聯解體以後，蘇聯的占領權利應該由俄羅斯人繼承。蘇聯利用毛澤東跟蔣介石作對、破壞美國的遠東戰略這些事情，並非是戰後條約安排的一部分。蘇聯和它的附庸國完全退出了戰後條約的安排，也沒有參加舊金山會議的談判。所以蘇聯與蘇聯指定的任何代理人在滿洲的實際權利，也就僅僅相當於蘇聯權利的一部分，不會在蘇聯不復存在以後延續下去。所以蘇聯解體之後，滿洲在法律上就變成過去由盟國管治、現在管治者放棄自己責任的一塊無主之地了。

Q 蘇聯從滿洲國掠走的工業資產、金融資產及其他巨額財富，在戰後重建中，是以怎樣的比例嵌入了蘇聯的經濟結構中？相比於蘇聯從德國掠奪的同類資產，滿洲國資產的文明含量處在何種檔次？

論分量，滿洲國還是不能跟德國比。蘇美太空競賽前二十年，蘇聯基本上都在吃德國的老本。而美國就比較吃虧，美國沒有搞到德國的物資機器，只搞到一些人。機器和設備這些東西都是美國自己從頭研發的。滿洲國的工業機器是國家計委按照各共和國的建設事業，分配到各地去的。

基本上，搞過工業建設的各共和國，比如說哈薩克這些國家，都多多少少分到過一些機器。有些機器一直用到蘇聯解體都還在用。這樣一來，系統性機器拆開以後，綜合價值實際上是大大減少了，但這一點大概是不可避免的。

還有一部分機器，被蘇聯人拿來援助親蘇國家和第三世界革命勢力，分送到第三世界國家去了。其中一部分甚至是重新分送到毛澤東的中國，打了一圈又回來。接著又重返滿洲，回到非常相似、甚至完全相同的行業。

Q 回到一戰末期，日本若有意避免收割英國的海權利益，那麼在陸權上日本能爭取的最大極限利益，除了扶持愛新覺羅王室、割取滿洲，是否還能趁著列寧革命的亂局，將沙俄遠東地區合併，把這個「大滿洲」作為遏制蘇聯必然向東滲透的緩衝？甚至可否在西伯利亞扶持白俄政權，作為「大滿洲」的地緣屏障？大正年間的政局，是否允許日本犧牲海軍利益集團，用這種大陸主義政策替代將來與英美的海權衝突？

「大滿洲」是一個事後發明的概念，滿洲原先是沒有邊界的。而且，後來臣服於滿洲人的西伯利亞各部族算不算滿洲的一部分，是很成問題的。從國際條約的角度來講，外滿洲肯定是俄羅斯的一部分。日本確實支持過白俄，但即使是潰退到遠東的白俄，也不可能變成日本的附庸國，因為俄羅斯畢竟是一個大帝國。日本作為條約維護者，當然不可能違背協約國中東鐵路和西伯利亞鐵路管理委員會的意見，隨意更動滿洲邊界。

晉蘭

Q 山西有很多的「毛派」，對山西未來發展有什麼影響？交城有一個「呂梁英雄園」，其實就是華國鋒墓。本來要叫「華國鋒陵園」，但更高級政府不允許。曾經要立華國鋒像，但鄧小平的後人不准。當地人說，因為老百姓「太愛」華國鋒了，所以華國鋒的像最後還是立起來了。

所有人都想給自己的小共同體找一點資源；沒有小共同體的話，大家都想發明一點小共同體出來。就跟男人和女人會結婚是一樣的道理，不僅出於本能，而且有利益關係。一加一的結果是會大於二的。但如果你始終是一，而別人不斷地一加一的話，那你吃虧的程度愚夫愚婦都能明白。

只不過他們在選擇名人時，素質比較差，這跟民小[25]喜歡崇拜林昭、在蘇州搞林昭的紀念差不多。我以前說過，他們為什麼不去崇拜一下戈登將軍（Charles George Gordon），卻偏要找林昭這樣差勁的人。同樣，晉國的歷史名人多得是，為什麼偏要找華國鋒。這就說明一方面他們自己的水準太低，另一方面民族發明家沒有盡到責任。

Q 在魏孝文帝之後，鮮卑有機會尋找舊有共同體意識，重新發明成民族？

保加利亞都可以，鮮卑利亞為什麼不行？不過鮮卑利亞有一個重大問題，就是它跟西伯利亞是重疊的，可能會製造出馬其頓和希臘那種外交問題，所以我不大支援製造鮮

25 民小是民主小清新的簡稱，是近十年來簡體中文圈新興的網路詞彙，用來形容對民主抱有理想化、浪漫化甚至簡單化理解的人，通常指那些對民主制度有一定嚮往，認為民主化是解決中國問題的萬靈藥，但對其複雜性、現實運作和可能存在的問題了解不深的人。這一詞語通常帶有調侃或諷刺意味。

卑利亞。鮮卑的大部分歷史都可以併入晉國之中，統一發明為一個晉蘭民族，外交上和領土上顯然更好安排。

吳越和上海

Q 吳越不像南粵有香港、閩越有臺灣那樣可以保存種子，在本土文化遭到全面打壓的情況下，上海、吳越地區的未來將會如何？本土的民族發明家應當如何行動？

吳越人太不能打，這是非常糟糕的。憑吳越這種條件，如果換上民主化後的西班牙那種狀態，對它是極有利的，但它不處在這種狀態。它需要一批黑白之間灰色層次的江湖人物，這樣才能在未來的轉型期，最大限度維持自己的利益。

文明方面的民族發明倒是沒問題，能重新挖掘吳語和吳越文化傳統的知識分子，在吳越本土和西方世界都有一大把。雖然他們眾所周知不能團結，永遠意見不一致，但其中只要有百分之一、甚至千分之一具有六十分水準，幾十年也夠他們用了。

但從第二個層次來講，哪怕是在海外，要把上海人或吳越人團結起來，形成一個像粵語和閩語社區那樣的穩定社區，是有相當困難的。

所以關鍵問題在於，你是在海內還在海外。在海外，你首先要考慮搞社區；在海內、吳越本土，目前搞語言或國史還不是很困難，可以先從這方面著手。

當然，最缺乏的是有能力組織海外軍團的人。但如果你是真正的吳越人，你可能也不大會屬於這種類型，因為吳越出產的菁英大體上就是最缺乏張作霖性格的那種人。

我如果強迫你去幹這種事，對你自身的利益不一定有好處。但你要搞清楚，將來最缺乏的也就是這種人。如果沒有這種人，你就需要從自完或其他地方引進你自己的孫傳芳了。那樣的話，你可能需要培養一種外交官或策士人格，以便尋找你所需要、吳越所缺少的那種人。

Q 春秋時期不是吳國嗎？您為什麼要發明一個吳越國？發明一個自古以來獨立的吳國不是更好嗎？

這個對我沒有區別。我發明吳國、越國和吳越國，技術難度是一樣的。關鍵是吳越人自己怎麼想。他們要發明吳越，而不願意發明吳國或越國，那就隨他們去吧。

對我來說重要的是，長江上下游一定都要獨立。不能巴蜀利亞人獨立了，而大運河南北兩端還掌握在中國人手裡。長江下游被封鎖了，那麼巴蜀利亞被鎖在內地，怎麼也好不起來的。所以，無論是上海民族、吳民族、吳越民族都好，一定要把長江航道打開，所以我一定要支援他們把民族發明出來。至於要發明吳民族、吳越民族還是上海民族，區別不大。

Q 為什麼吳越人會那麼熱愛走小華夏主義的道路？

這實際上是一種拿破崙三世式的霸權思維。拿破崙三世始終覺得，英國人和俄國人太強了，英國人是盎格魯人的領袖，俄國人是斯拉夫人的領袖，拉丁民族被壓在下面，如果能把拉丁民族統一起來，把拉丁美洲、南歐各國都弄到法蘭西的領導之下，那麼全世界就可以三國鼎立了。

但他不了解，力量來自於自由秩序的生長力，而不是來自於統一帝國的汲取能力，所以實際上是愈統一愈弱。盎格魯人之所以比其他人強，就是因為他們分裂得最厲害，但他卻以為把現有力量統一起來是一條好路。

吳越人講小華夏主義，就是如此。他們處在西方帝國主義和內亞帝國主義之間，一方面在上海自由市受了洋大人的氣，一方面到北京城去，又要受滿洲人和蒙古人的氣。他們自然想到，最好把諸夏各邦整合起來，搞一個小華夏主義，由諸夏之中文化最高、經濟最發達的吳越人當領袖，不是最完美嗎？

吳越人在諸夏中的地位，跟法蘭西在拉丁民族中的地位是非常相似的。也就是說，你當一個隱形的、文化上的領導人，當之無愧，不存在德不配位的問題；但要當一個帝國統一者的話，就會出現德不配位的問題。

Q 請您詳細解釋滿蒙對吳越的保護性征服。滿蒙征服吳越，防止吳越被流民毀滅，為何吳越人普遍痛恨滿蒙多於痛恨江淮流民？

吳越市民在日常生活中，實際上是歧視白完的。他們對白完的看法，差不多就像大嘴巴川普動不動就說墨西哥人如何如何。他們對滿洲以及距離比較遠的其他民族缺乏切身的認識，歧視邊界並不明確。所以你要講他者的形成，那麼吳越真正的他者其實是江淮。其他民族對吳越來說相距太遠，發揮不了他者的作用。

但吳越士大夫至少是士大夫中的一派吧。跟普通市民不同，他們自以為是帝國菁英。但他們經常忘記了「帝國菁英」只不過是滿蒙武士征服者的一群管家而已，通常還是不太受尊重的管家。虛榮心使他們忘記了共同體的真實邊界。

香港和澳門

Q 澳門人和香港人的民族性格有什麼差別？

澳門很像巴西，是混血的天主教徒，社會結構更接近拉美，以天主教會為核心，跟菲律賓或麻六甲那些為數很少、但很堅實的天主教社區非常相似。西班牙和葡萄牙殖民過的地方都是這樣的。

而英國殖民過的地方，並沒有建立一個新教會或西葡天主教會那樣堅實的基礎，它是無為而治的，聖公會不占有特殊地位。英國殖民主義到來以前，那個原有社會的習慣法是自然發展的，只是英國人提供了保護；更重要的是，打掉了原本妨礙他們自然生長的各種抑制因素。

所以，英國人統治的地方是自發秩序自然生長的實驗室，而西葡統治的地方就是天主教社會的自然延伸。

Q 與香港不同，澳門似乎到現在都還沒有出現一定規模的民族發明。「愛國愛澳」迄今仍是社會主流。您對澳門未來幾年的發展有何預測？自決有可能嗎？如果自決遲遲搞不起來，澳門的未來會是如何？

澳門的前途全看天主教會了。沒有天主教會，澳門就是一個沒有存在意義的地方。澳門經濟體太小，不足以支撐一個完整的市民社會。目前天主教會的政治欲望仍然很小，或是說在政治上非常謹慎。澳門如果有民族發明，那就只能依託天主教會了。

如果發明不起來，澳門會變成一個模範特區；等到海南島特區搞起來以後，澳門特區就失去意義了。因為澳門的經濟基本上是用旅遊業、博彩業搞起來的，這個模式很容易複製到海南島或其他地方，於是它的統戰價值就消失了。

然後由於天主教會的核心在國外，教會必然會跟共產黨激烈衝突。那時發生衝突就太晚了，沒有先見之明。既然早晚都要衝突，那還不如搶先一步，先發明民族再說。但他們很可能沒有想到這一點，一定要等到事發後才想起來。

大不列滇

Q 後洪水時代雲南若能劃疆自立，佛教和基督教誰更適合作大滇國教？雲南境內的穆斯林會不會與東南亞伊斯蘭勢力連成一體，衝擊大滇憲制的穩定？雲南如何才能遠離宗教戰爭、減少內耗？乾脆放棄回民地區？而且雲南一無平川沃壤，二無海岸良灣，大滇的「生門」在哪裡？

大不列滇是東南亞的高地或輸出源，在東南亞的地位差不多就像北歐人（維京人、諾曼人）在歐洲的地位，往東向俄羅斯輸出，往西向諾曼第和英格蘭輸出，往南一直走到西西里。

追溯來源，東南亞幾乎所有邦國都是從大不列滇南下的，所以它的地理和地緣形勢非常清楚：它是列邦之母，適合像挪威、瑞典、丹麥、芬蘭那樣，分割成一系列以土司為領袖的小型君主立憲制國家，也可以像卡爾馬聯盟（Kalmar Union）或瑞典—挪威聯合王國一樣，形成聯邦王國或聯邦共和國的結構，但不適合搞成單一制國家，因為它的力量會被削弱。

無論是聯邦共和國還是君合國，都可以容許多種憲制，由不同的歷史傳統產生。大不列滇雖然不是很大，但它是整個東南亞各種憲制形式和各個種族的基本源泉，所以它的組織豐饒度是非常高的，不適合用統一方式管理。

不同的宗教當然可以產生自己的邦國，然後這些邦國由於地理上的需要，再跟其他邦國形成象徵性的聯盟，但內部的憲法必須是自立的。像馬來聯邦那樣，包含若干君主國、沒有君主的城邦國家和獨立領地的體制，可能是最適合大不列滇的憲制。

不同的邦，有些可以有國教，另一些則可能沒有國教，這無關緊要，因為它的聯邦形式是分散的，實質權力要在各邦身上。各邦可以根據自己的歷史關係，與其他由它所產生的東南亞親邦保持特殊聯繫，像是砂拉越和沙巴跟菲律賓和汶萊的關係。

湖湘尼亞

Q 為什麼您認為湘國國父是蔡鍔將軍？

一個共和而治的民主國家，它的國父都不只一人，正如希臘、羅馬和美國。對發明民族、創造國家起了重要作用的英雄和傑出人物，都可以得到國父的身分，當然湖湘民族的國父也不只一人。

最早的國父，當然應該把王船山算上。但辛亥前後也是民族形成的關鍵期，像蔡松坡這樣的人，不僅武功出色，在國際政治舞臺上發揮極大作用，而且也是一個正確闡述了湖南民族在舊帝國解體以後特殊作用的傑出人物，他把湖南比作英法，把大清帝國比作腐朽沒落、即將瓦解的羅馬帝國，為湖南人民的團結和自豪感發揮了極大作用。

Q 湖北和湖南的關係是否等同於吳越和南粵的關係？或者換一種說法：他們就是被摧殘得更嚴重的吳越和南粵？

這個可比性不大。其實在吳越，錢塘江以東以西是兩個世界。粵東的山地和粵西的平原區，差別很大。粵東的部落區或山地區保留的自組織資源比較多，平原區則編戶齊民得比較厲害。人口結構上可能也有很多不同，山地區保留的百越血統大概較多。

湖北的山地區和平原區的人口結構差得很遠，山地區保留的是過去的洞蠻血統，平原區基本上是從贛尼士蘭移民過來的人。湖湘尼亞就不一樣，是蠻族血統保存較好的地方，除了洞庭湖平原一帶以外，基本上是下山蠻族占主導地位。

可以這樣說吧，荊楚利亞的人口結構比較接近巴蜀，儘管同時具有山地蠻族和平原費拉兩個來源，但平原人所占比例具有壓倒性優勢，山地人在基因多樣性方面可能占了優勢，但人口只占很小一部分。

湖湘尼亞就不一樣，雖然也有一個平原區，但即使是在平原人之中，山地蠻族的血統也占有很大比例，在總人口當中，過去山地民族的血統大概是占主導優勢的，在這方面，湖湘尼亞比較接近南粵，至少比較接近浙東，跟浙西、巴蜀和荊楚都不一樣。

贛尼士蘭

Q 從歷史與地緣的角度來說，您認為贛尼士蘭的天命是什麼？是溝通揚子江與太平洋的中轉站，百越之盾、淮楚之後的第二道防線，抑或是諸夏的陸島、文明的冷藏櫃？

贛越是百越的技術中心和主要的兵器庫。雖然百越各民族最初的發源地是在南粵，然後分散到各地，但揚越、吳越和南粵的技術開發都不如贛越。春秋戰國以前的時代，殷商、周、楚、秦真正爭奪的都是贛越之地。掌握了這個地方，就掌握了最先進的青銅器冶煉技術、武器生產技術和最大最好的礦藏。

雖然後來「越王勾踐，自作用劍」或什麼名劍傳說出在吳越，但你看那些傳說產生的時間，都是在士大夫文化產生以後，所以是士大夫文化把實際上產生在贛越的武器革新搬到吳越上了，而贛越因為缺少士大夫文化，反而不甚強調。在春秋戰國到魏晉南北朝之間，贛越的武器生產技術無疑比吳越強。贛越和楚國結合以後，構成征服者的力量，而吳越卻處在被征服者一邊，也說明武器和技術的優勢實際上是在贛越這一方。

中古以後，贛越的主要功能是把南線的技術輸出從南粵引向長江流域一線，豫章這條貢道是南北朝的主要技術輸出線。在北方的諸夏和南方的百越這兩種文化相互結合的過程中，贛越也是處在一個結晶點。這個文化的結晶點跟上古時期軍事技術結晶點的作用是非常相似的。結晶點必須是在兩種文化的衝突點上，既是競爭最激烈的地方，也是能吸收兩系文化精華最多的地方。所以中古以後具有贛越特色的儒家和其他宗教，都是在這個核心點上產生的，而南粵的儒化宗族和類似東西的產生，都要到近世了。這跟武器的情況非常相似。

未來諸夏解放以後，諸夏和海洋性更強的南島系之間，必然也會產生新的分化。這時，贛越作為南北交通的核心，又會出現類似上古和中古時期的樞紐作用。

如果東亞大陸是一個帝國，連南粵都被切斷了跟海外的聯繫，那麼贛越就只會是一個默默無聞的內陸省分。在眾多的內陸省分中，除了生產的糧食比別人多一點以外，根本談不上什麼特色。但諸夏分化以後，那麼南島系面向太平洋，和大陸上的諸夏之間的特色就必然會分化出來，呈現非常明顯的差別。

這時，居於中間、具有雙重性的贛越，又會恢復它在上古和中古時期的特殊地位和關鍵作用。它就不再是一個默默無聞的原材料提供者和土　老鄉了，它會像楚國和吳越爭霸的時代，或是像宋明之間諸夏的民族發明家各自創造具有本土特色的宗族組織，變成各種發明創造的核心地帶。

Q 是否有贛人之藝術可為民族發明添磚加瓦？

玻璃工業和陶器。這兩者是有連續性的。陶瓷在贛尼士蘭繁榮起來，原因並不是高嶺土，因為類似的情況在其他地方也有。關鍵在於，伊朗系輸入的玻璃製造技術在贛江流域是格外發達的。這當然跟胡商有關。

有先進的玻璃或琉璃製作技術，然後才有優秀的陶瓷製作技術，這兩者在技術層面是相通的，後者用的是前者留下來的技術，就像德國的軍火工業用的是染料工業留下來的技術。

Q 整理宋之後的儒化贛史經常讓我頭痛，雖然可以證明一直以來贛儒殘存著民兵傳統，但儒化的劣勢證據卻遠遠大過「守先待後」（如果還能如

此發明的話）的效果。特別是江西發達的士大夫們，他們位極人臣又著述豐富，但這些不都是消耗酋豪德性的煙花嗎！雖然經提醒，亦有章瑱等人著作可以發掘贛地自豪感，但總體來說，仍感到贛人深厚的儒化傳統似比酋豪時代更難挖掘。您認為這些贛儒有哪些人、哪些經史子集的著作算是稍微正典一些，可供發明？另外，如何更好地發明士大夫遺產的其他方面？

不要去找經史子集，要找地方上的團練頭目、民兵頭目、堡寨頭目，或是宗教寺廟、宗教團體的主持人，這些人才是你需要的土豪。

一個人離中央愈近，離大都或南京愈近，或是經常遊學到吳越這些地方去，那麼他的遊士性格就要大大增強，土豪性格就會大大削弱。著述愈多的人，對鄉土的認同感就會愈低。

真正能起凝結核作用的，不會是這些能寫入儒林傳的人物，而多半是在比較低級的縣治、鄉治中才會露頭，或是因為在亂世組織民兵而被高級知識分子記載，在和平時期只能出現在低級記錄、或儒家不太瞧得起的那些異教（即佛教、道教或鄉土多神教）留下來的旁證中。

在儒家士大夫裡，宋明兩代負責搞鄉治、義門、義倉、書院的那一批人，最有可能是土豪。你如果一定要從士大夫裡找線索，那就順著書院或義門去找，這方面的材料是相當多的。

Q 想聽您比較一下徽商和贛商，評述兩者的競爭。徽商擅長走上層路線，贛商的自發性和草根性是否更強？明清易代後，贛商漸落下風，是否因為贛商沒有像徽商那樣，發展出有代表性的集團去從事外交活動？

徽商跟吳越士大夫有點關係，但遠不如晉商跟滿洲貴族的關係那麼密切。而贛商基本上全靠自己，草根性非常強。他們跟南洋東南亞各地的部落酋長和領主比較投契，大概因為他們都是百越一脈相承，所以底層結構比較相似，而跟士大夫、官府和皇帝不投契，與內亞人的關係也非常不好。

順便說一句，百越系統跟內亞系統好像自古以來就是合不來。東北亞大體上是內亞的延伸，所以滿洲人和蒙古人在東南亞文化保存得比較強烈的地方，總是碰最多釘子。

巴蜀利亞

Q 大蜀國需要設立哪些重要的紀念日？

十月二十二日是大蜀的國慶日，大蜀在這天正式宣布獨立，誕生東亞大陸第一個近代化的民族民主國家，所以大蜀的民族發明毫無疑問要從這天展開。這也是大蜀的第一個紀念日，相當於波蘭的五三憲法紀念日。

另一個必不可少的紀念日是十二月二日，是大蜀的國恥日。這一天，賣國賊鄧小平率領黃俄和蘇俄的部隊入侵大蜀，消滅了大蜀的民主政權與大蜀憲法的痕跡，屠殺了大蜀選舉出來的地方參議院和縣長，連傳教士、醫生、小學教師這些帶有一點知識分子性質、有一點社會凝結核作用的人都不放過。

Q 按歧視鏈排名，民國巴蜀利亞軍閥應該怎麼排？理由是什麼？

基本上是每下愈況。尹昌衡、楊維、張列五那一批是最好的，然後熊克武、但懋辛以後就漸漸變差了，愈往後愈差。

原因很簡單：最強的那一批在辛亥以前就已經折損了一大部分，然後比較堅持原則的在滇軍干涉和復國戰爭以前又已經自我淘汰了一大部分。

熊克武等於已經依人作嫁，而且以怯懦出名，但相對於其他人來說，他還算是對鄉土有責任心。愈往後，機會主義性質愈強。最後發展到一九二六年，就有很多人爭先恐後地請蔣介石來當他們的仲裁人了。在這方面，川軍完全不能跟滇軍比。

Q 您說三星堆遺址類似「修文德」的誇富宴，四川大學教授姜生則認為，三星堆祭祀坑展現了商滅蜀之後，殷商巫師為了鎮伏蜀國地方性神明，用商人的儀軌來滅絕古蜀的祭神通天系統，理由是坑中的神像和禮器都以特定的先後順序和空間布局疊放和打碎，顯示與殷商相近的祭祀特徵，蜀人自己不可能如此褻瀆天神。您認為這種論點有什麼漏洞？

這顯然是胡說八道。從考古與文獻記載都可以確定，殷商從來沒有滅過蜀國，殷商的軍事力量也從來沒有到達巴蜀。它們也許透過很多它們之間的方國，有過貿易、物資或禮儀的聯繫，但肯定沒有直接開戰。

說祭祀坑是在邦國滅亡的情況下被征服者破壞的，這是其中一種說法。另一種比較流行的說法認為，這種破壞本身就是祭祀儀式的一部分，跟有沒有征服者無關。哪種說法正確，還沒有充分的證據。

但即使是主張征服者破壞的這一派，也認為這是新王朝取代舊王朝，或是巴蜀古代那幾個王朝之間嬗替的結果，假定的征服者和破壞者也不是殷商。例如，朱大可就認為，這樣的破壞是本土化的新政權對內亞化和西亞化的殖民政權的革命行動，他也沒有認為這是殷商破壞和征服的結果。

Q 如果三星堆文明源於岷江上游方向的西亞文明，那我想問的是，西亞文明輸入到岷江上游的過程中，必將在阿富汗走廊、新疆南部、青海盆地留下眾多的西亞文明遺址，但為什麼現在尚未在新疆和青海發現類似三星堆的遺址？

青海當然有。照古代的地理形勢，松潘沼澤地帶作為高原，是當時最適合人類生存的地方。從甘青方面的齊家文化，到松潘草地一帶和岷江河谷，它們的文化連續性非常明顯。

三星堆跟它們的不同，差不多像是印度帝國跟英國的不同。那些國家都是一系列小邦，財富不是很多。而三星堆政權就像英印帝國那樣，有宗主國和發源地難以想像的巨大人口、財富和物質資源。這些資源好像有很大一部分是由於絲綢和稻米的輸出造成的。絲綢作為奢侈品，其貿易輸出的範圍尤其廣泛，可能遍及了整個西亞。

因此，大量的黃金不是產自巴蜀本地，卻透過這種對外貿易而獲得。這就像是英印帝國產生了大量富翁階級，他們在英國是窮人，頂多是小地主、小資產階級，但在東方卻變成土王一樣極其富有。印度帝國的財政經常比英國還要豐裕，甚至在一戰和二戰時，英印帝國一直有財政盈餘，而英國卻虧空得厲害。

江淮利亞

Q 南京算不算在江淮國的範圍內？能不能具體闡述一下江淮國的疆域？

從語言文化來看，南京屬於江淮區，但從地緣角度來講，放在江淮區不合適。江淮若要劃定天然邊界，最好依託長江和淮河。如果邊界過於破碎，對將來的發展不利。

所以像南京這樣具有拜占庭傳統的地方，最好按照三〇年代初對北平提出的那種文化城設想，把它變成一個國際保護之下的文化城市，由吳越和江淮共同擔保，或由國際社會共同擔保，讓它保持超然的自由和獨立，這樣對江南和江北都會更好一些。

Q 就像沈從文之於湖湘、張愛玲之於吳越，江淮區在歷史上有沒有這種弘揚本地文化的作家？

當然有，像李涵秋的《廣陵潮》就是地道揚州文化的產物，也是傳承揚州方言的一個有力載體。論文學品質，一點也不輸《紅樓夢》和《海上花列傳》。現在我們不太知道這部作品，是因為強行推廣國語造成的人為歧視。

揚州評話、彈詞，比胡適那些人強行製造出來、王梵志之類的白話詩要高明得多。揚州彈詞有不少傑作，《英烈》、《白蛇傳》都有濃厚的揚州特色。現在整理出來的《雙金錠》、《珍珠塔》這些作品，換成歐洲的長詩，也不遜色；放在中世紀《玫瑰傳奇》

之中，也完全可以獨立作為一系文學的奠基石。

揚州評話、黃梅戲這些東西含有大量的文學創作材料，這些材料跟民族文學間的差別之大，就好像中古時期德國民歌和歌德、席勒（Friedrich Schiller）的史記之間的差別。在德語文學之中（尤其是高地德語文學），早就有威廉．退爾（William Tell）那樣的傳說，但一直到席勒把《威廉．退爾》劇本寫出來以後，德語文學才站得住腳。

另一種方式就是透過翻譯西方正典來創立文學核心。最常見的辦法就是像路德（Martin Luther）翻譯《聖經》那樣，用江淮方言翻譯《聖經》，然後建立一個民族教會來推廣它。像是吳語與粵語，都已有多種自己語言版本的《聖經》，它們欠缺的只是一個民族教會而已。這個做法是普遍性的，可以推廣到各個族群。

Q 哪些江淮地區的歷史人物適合把頭像印在本國鈔票上？請列舉五個。我的初步設想是李鴻章、丁汝昌、馮玉祥、段祺瑞和張治中，合適嗎？

馮玉祥和張治中不行。第一，他們是匪諜。第二，馮玉祥與其說是屬於江淮區，不如說是黃淮流民區，這兩者的政治和組織性質有很大的差別。匪諜尤其不行。匪諜是替共同體的破壞者、國際共產主義服務，不適合當民族國家的象徵。

而且你漏掉了江淮民族最古老的兩個創始人：江淮經濟體系的真正創始者、淮南節度使楊行密；另一個是江淮文明的遠祖、著名的徐偃王，周朝的死敵，唯一能跟周天子分庭抗禮的力量。如果刪掉他們，那麼這個江淮國就像是在美國的立國神話中，把華盛頓和林肯都刪掉一樣，顯得特別不正常。

Q 既然您已經有了巴蜀的標誌和旗幟，那麼能否給江淮的標誌和旗幟提點建議？

江淮始祖出自淮夷，淮夷出自風偃集團，風偃集團是鳥圖騰的民族。在他們勢力範圍內出土的很多考古遺址，都發現了大量鳥圖騰的陶器或塑像。

「徐」是淮夷集團的正宗，徐國是最核心的淮夷政治集團。而「徐」的造字，就是太陽和鳥合併而成。古墓壁畫上最標準的淮夷和徐國圖騰，是一個符號化的太陽在上面，一隻鳥展翅在下，飛上太陽。所有淮夷人都承認這個圖騰，所以最適合作為江淮的標誌。

Q 吳越有上海、杭州等一系列大都市，江淮則是一窮二白。那麼江淮應該如何進行歷史發明呢？

江淮原本是貿易區的中心，在大運河貿易比海上貿易更發達的地方，它的歷史資源實際上比吳越更豐富。後來江淮之所以沒落了，是因為受到大一統和流民上升之害。兩者是有連帶關係的：大一統摧毀了作為社會中堅的階級，自然給流民文化的上升形成了極大的機會。流民文化等於是起了一個填補真空的作用。由於大一統摧毀了各地特色，使流民在各地之間易於流動，又進一步惡化了社會生態。

所以不只江淮的歷史發明，其實魯國、鄭國和中原地區的歷史發明也都要強調這一點。也就是說，我們原來在孔子時代是很強的，都是被大一統害了。大一統的罪惡要構成我們歷史發明的核心。

Q 安徽人應該如何發明民族？

安徽不是一個自然地理單位，江淮才是。可以運用楊行密和吳國的傳統、李鴻章和淮軍集團的傳統，發明一個江淮民族。最好把淮河以北的蘇北土地讓出去，安心守住江淮之間。再把江蘇的江淮之間那部分也盤過來，打開出海口。然後利用江淮跟吳越的關係，把自己發明成諸夏的一部分，而不是中國的一部分，盡可能跟黃泛區撇清關係。

歷史資源是很好找的。東亞大陸最近一千年來，無論在任何地方找歷史資源都很好找，關鍵是你要建立的地緣政治實體，最好盡可能合理。

荊楚利亞

Q 朱明、藍匪、紅匪對荊楚分別犯下了哪些罪行？

基本上，明朝滅絕了荊楚的原有人口。荊楚在元朝末年，人口還相當多。在紅巾軍混戰時，荊楚的土豪還能武裝鎮壓他們，甚至西進巴蜀。但自從陳友諒遠征和朱元璋西征以後，這些人口不存在了。現在的人口是從贛越移民過去的。原先那些人口，很大一部分被陳友諒的總體戰強征入伍，在鄱陽湖消耗掉了，還有更多是被朱元璋徹底屠殺了。其徹底程度，跟張獻忠對四川的屠殺差不了多少。

國民政府主要是利用武漢的核心地位，把它作為政治分會所在地，一再安插張學良這樣的外人進去，使武昌很難存在一個湖南何鍵那樣穩定的政治中樞。所以湖北的紅軍、土匪特別多，就是因為武昌的政治中樞極不穩定造成的。

共產黨在洪湖赤衛隊那個時代，就已經開始有系統地滅絕湖北人口了。但湖北在土改和鎮反時期，殺人殺得不算特別多，因為那時的湖北社會經過國民政府在中南部主要根據地的經營，自身的統治力量已經很弱了，所以沒有像湖南、贛南或滇黔那樣，有大量的土豪能發動強而有力的武裝抗爭，是土改鎮反時期抵抗力比較弱的一個地方。

所以按照貴匪的標準，湖北不算是殺人殺得最多的，雖然在貴匪以外的任何人看來，例如以國民政府的標準來看，也算是破壞得很嚴重了。

Q 荊楚近代哪些人應被當做神話的民族英雄？

湖北學生界的那一批人、張之洞培養的新軍和諮議局士紳，他們顯然是近代民族真正的創始人。再來就是日據時期跟日本人合作的那些土豪，然後是在貴匪時期組織民兵、跟貴匪作戰的那些被打成反革命分子和叛匪頭目的土豪。

現在還有沒有荊楚精神或荊楚人格？

你若要發明，那就會有。所謂的民族精神，就是民族發明家認為某種精神可取，然後根據這個精神來發明民族。符合這種精神的人就被發明為民族的種子，不符合的人就被發明為外人、侵略者或其他不能信任的種類，消失在歷史中。

所謂民族精神的發明，其實就是發明家扮演了一個宗教改革者，把他認為合適的組織模式和精神氣質灌輸到他的小團體，使小團體在不斷擴張中發展成大團體，並把不符合這個模式的各種人從人類的模因庫中排擠出去。

荊楚和湖湘都把自己視為楚人後代，該如何在民族發明學上區別？荊楚是否要沿用鐵血十八星旗，畢竟這曾代表十八省，有聯邦主義傾向。

不一定要有區別。能不能區別，要看當時的情況。我把它區別開來，是因為自近代以來，湘軍的聲勢比楚軍強，合併起來可能不利於進一步的發明。最後實際上誰分誰合，是由歷史進程決定，事先設計根本沒用，也不會符合後來的邊界。

現在的羅馬尼亞是一個國家，但它剛開始發明時，是很可能變成兩個或三個國家的。這一切都是看歷史進程，最初的設計只是起了一個啟動作用，並不能真正約束後來的路徑分化。

鐵血十八星旗當然能用。但最後用了什麼旗，肯定是擁有武力的人說了算。

Q 您為什麼要把楚國拆成荊楚利亞、湖湘尼亞和贛尼士蘭？

法統是從滿洲帝國到諸夏聯盟一脈相承下來的，是十九世紀以來在條約體系庇護之下形成的地主資產階級政權，這是諸夏的實際情況。至於遠古時代的楚國、中古時代的湘國和其他政權，只是這個近代地主資產階級政權為了加強聲勢所串連起來的歷史。

民族發明學向來都是有虛有實。實就是地主資產階級保護自身利益而建立的國家，當然是近代的產物。歐洲以外世界的大多數地區，都是十九世紀以後的產物。追溯歷史，必須追溯到遠古。

Q 請您簡述湖北的現狀和未來。此外，湖北土豪如果想要保住自己的共同體，應該採取什麼策略？

荊楚是過渡地帶，其語言文化接近西南，經濟上接近吳越，而人口則在漢東平原地帶與中國大量交錯。荊楚不像湖湘有一個小而緊密的核心，也沒有湘西那樣堅強而龐大的蠻族後盾，所以其處境比巴蜀和湖湘惡劣得多。

對荊楚最好的辦法就是，以漢水為核心，連接從漢東到長江這條線，把漢東的耕作平原盡可能讓給中國。沿著這條貿易線把自己的核心建起來，不要太看重省界或魚米之鄉的平原地帶，而要把西部和南部仍有一定蠻族性的地方當作自己的大後方來培養。

外交政策對荊楚非常重要。湖湘、南粵和巴蜀都可以閉關，把自己搞成一個背後沒有後顧之憂、對面可以對抗中國的單獨實體，但荊楚沒有這種條件。荊楚一定要把贛越、湖湘、南粵全都挑起來，搞成一個類似聯盟的結構，才能維持自己在地緣上的安全。西南方向是湖湘的大後方，不會有什麼大問題。荊楚真正的地緣選擇是面對北方或面對東方。

齊州利亞

Q 魯這個地區的社會生態沒什麼希望，秦漢以來的負面歷史遺產遠多於正面遺產。本地發明家應當如何處理，才會比較明智與可信？

歷史發明家的任務比較簡單，關鍵就是要串起線索。魯的正面遺產其實不少，畢竟孔子就是魯國人，封建自由跟魯國的小邦政治、世卿政治放在一起非常恰當。負面遺產變多，那是在宋金以後，黃河氾濫、社會生態惡化、逐漸流民化以後的事，對歷史發明家來說影響不大。

完全可以從孔子時代開始一直到近代，拉成一條主線，把近代的士大夫傳統（雖然他們是不成器的子孫）比附到原有的封建自由傳統上。僅依靠儒學正統，就可以得到很多歷史資源。

解釋本身就是重新創造。你要建立一個較好的傳統取代原有較壞的傳統，最好的辦法就是利用古老的資源，按照你的需要來解釋，這樣自然而然就能起到刺激的作用。

Q 秦漢以來，魯地主要有哪幾次人口滅絕和替代過程？為何遷入的內亞移民始終不能發展出一個地方集團，能比晉、燕、關隴更為團結、有戰鬥力？是因為距離太遠，還是與移民性質有關？

永嘉之亂中，魯受害最慘，史籍記載只剩三百戶。之後南燕建立，從黃河北岸帶來了跟鮮卑人合作的一批世家大族。南燕與東晉滅南燕以後建立的統治集團，以及北魏打敗南朝以後兼併齊魯所建立的統治集團，都是南燕鮮卑人帶來的。

滿洲殖民地在唐五代瓦解以後有小洪水，宋金戰爭時也有小洪水，但流民雖然眾多，似乎還沒有達到徹底赤地千里的地步。最後元末明初紅巾軍吃人肉，很有效率地把這塊地方製造了一片無人區。後來這片地方的移民，也是從山西、察哈爾（蒙古人保護的那些地方）遷移過來的。

明太祖和明成祖從長城以北把居民撤退到長城以南、從山西高地把居民移植到華北大平原時，在這裡安插了很多民戶。明亡有小洪水，但也沒有徹底滅絕。現在的人口，大體上就是明初強制遷徙、經過幾次小洪水以後殘餘的人。

內亞移民集團是有戰鬥力的，而且不算差。永嘉之亂以後，北魏從內亞移植進來的移民，以及後來滿洲人在唐五代藩鎮時代遷移進來的移民，按照當時的標準，雖然不是戰鬥力最強的，但差不多也算中等水準。

蒙古人在齊魯建立了幾個藩鎮，在宋金戰爭、宋元戰爭期間，戰鬥力至少也是中平。最後沒有維持住，原因很可能跟地緣有關。最近那一次，蒙古人建立起來的藩鎮，是被耶律楚材他們害了。蒙古帝國化的過程中，在搞改土歸流時，拿了山東嚴氏、張氏建立起來的那幾路諸侯作為樣板工程。當撤去了樣板，大洪水來臨時，山東就成了死最多人的地方。

劉仲敬・通俗阿姨學02

民族的發明

鄉民最好奇的民族大哉問，阿姨一次說清楚

作　　者｜劉仲敬

一卷文化

社長暨總編輯｜馮季眉
責任編輯｜翁英傑
封面設計｜木木Lin
內頁設計｜菩薩蠻電腦科技有限公司
出　　版｜一卷文化／遠足文化事業股份有限公司
發　　行｜遠足文化事業股份有限公司（讀書共和國出版集團）
地　　址｜231新北市新店區民權路108-2號9樓
郵撥帳號｜19504465 遠足文化事業股份有限公司
電　　話｜(02)2218-1417
客服信箱｜service@bookrep.com.tw

法律顧問｜華洋法律事務所 蘇文生律師
印　　製｜中原造像股份有限公司

2025年4月 初版一刷
定價｜450元　　　　　書號｜2THS0005
ISBN｜9786267686041（平裝）
ISBN｜9786267686034（EPUB）　9786267686027（PDF）

國家圖書館出版品預行編目 (CIP) 資料

民族的發明：鄉民最好奇的民族大哉問，阿姨一次說清楚 / 劉仲敬著 . -- 初版 . -- 新北市：遠足文化事業股份有限公司一卷文化出版：遠足文化事業股份有限公司發行，2025.04

面； 公分 . -- (劉仲敬 . 通俗阿姨學 ; 2)

ISBN 978-626-7686-04-1(平裝)

1.CST: 民族學

535 114003270